청년들과
함께 넘는
천로역정
열
고개

|일러두기|

본문에 사용한 《천로역정》 한국어 번역판 인용도서는 포이에마 출판사에서 게재를 허락해주었습니다. 감사드립니다.
넷째 마당에 나오는 시 〈노櫓〉를 사용토록 허락해주신 나태주 선생님께 감사드립니다.

청년들과
함께 넘는
천로역정
열
고개

손성현 지음

동연

| 들어가며 |

창천교회 청년들 18명과 《천로역정》을 함께 읽었다. 어떻게 하면 청년들과 함께 우리의 삶을 진지하게, 그러나 재미있게 돌아보며 신앙의 길을 멋지게 걸어갈 수 있을까 고민하다가 선택한 책이다. 사실 이 책은 젊은 시절, 혼자서 읽을 때는 고리타분하게 느껴질 수도 있는 책이다. 그러나 "함께", "몸으로", "도발적으로" 읽고 새기면서 기대 이상의 기쁨을 느꼈다. 다른 교회에서도(다른 연령대도) 이 책을 많이 읽었으면 좋겠다는 확신을 같게 됐다.

'천로역정'(하늘에 이르기 위해 거치는 경로 天路歷程)이라는 말, 대부분의 기독교인은 들어봤을 것이다. 언제? 주로 수련회 프로그램으로! 중간에 무시무시한 마귀 나오고, 유혹하는 사람 나오고 그러는…. 그런데 《천로역정》

이라는 책의 원래 제목은 《순례자의 진보Pilgrim's Progress》 아닌가? 풀자면, "순례자가 조금씩 앞으로 나아가는 길에서 겪게 되는 여러 가지 이야기"이다.

   청년들은 '순례자'다. 그리고 그 삶과 신앙의 '과정'에서 온갖 어려움과 맞부딪친다. 힘겨운 학업과 취업준비, 직장, 관계 속에서 방황하는 청년들이 스스로의 삶을 '순례의 여정'으로 파악하고 끝까지 걸어갈 수 있도록 격려했던 '읽기 훈련'(2015년 가을)의 면면을 되짚어봤다. 비록 힘겨울망정 순례자라는 정체성이 있다면, 함께하는 사람들이 있다면, 젊은 나날 기꺼이 걸을 만한 길이 '신앙의 길'임을 속삭여주고 싶어서.

손성현

| 차례 |

들어가며   4

첫째 고개	이 책은 당신을 '나그네'로 만든다	7
둘째 고개	탈출은 만만치 않다, 꿈속에서도!	17
셋째 고개	나의 철창에서, 그러나 함께 벗어나기를 꿈꾸다	29
넷째 고개	'영원히 여성적인 것'이 우리를 인도하리라	41
다섯째 고개	우리는 이 결투를 피해갈 수 없다, 그러나…	53
여섯째 고개	그의 목소리를 듣고 싶다	67
일곱째 고개	허망 시장에서 벗어나라	79
여덟째 고개	절망에게 결정권을 주지 마라	91
아홉째 고개	나는 믿는다, 고로 걷는다	105
마지막 고개	꿈에서 깨어난 무지	117

《천로역정》줄거리   130

첫째 고개

이 책은 당신을 '나그네'로 만든다

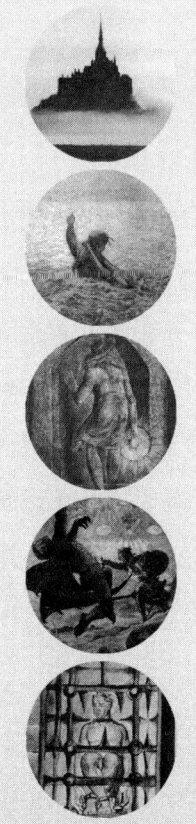

"이 책은 여러분을 불러내서 나그네로 만든다. 여기에 실린 조언에 따르면 곧바로 거룩한 땅을 향하게 될 것이다. 어디로 가는지 방향을 제대로 가늠한다면, 게으른 이는 부지런해지고, 눈 먼 이들도 즐거운 일들을 보게 될 것이다."
— 존 버니언, 〈이 책에 대한 변명〉 중에서

좌충우돌 젊은 시절, 그리고 《천로역정》

훌륭한 목사님들이 말씀하셨다. 훌륭한 책을 많이 읽어야 한다고…. 그래서 훌륭한 '척'이라도 하고 싶어서 책을 읽었다. 억지로라도 읽었다. 그런데 왜, '훌륭한' 책일수록 읽는 게 힘들었을까? 솔직히 그랬다. 훌륭한 분들이 추천하는 훌륭한 책들은 별로 재미가 없었다. 정말 좋은 책을 읽었다는 감동보다는 겨우 끝까지 읽어냈다는 안도감이 컸다. 그래서 때때로 고민했다. 나는 그 '훌륭한' 책의 세계, '훌륭한' 목사님들의 세계와는 거리가 먼 사람이 아닐까? 젊은 시절에 읽은 《천로역정》도 마찬가지였다. 너무 뻔한 내용 같아 싫었다. 표면적으로 드러난 선악 이분법 때문에 불편했다. 눈에 보이는 이 세상의 현실을 허무하고 허망한 것으로 규정하는 분위기에 저항감이 들었다. 결국 《천로역정》 읽기를 중도에 포기했던 기억이 아슴푸레하다.

십여 년의 시간이 흐른 뒤에 이 책이 다시 한 번 나의 삶 속에 끼어들었다. 그런데 이번에는 분위기가 사뭇 달랐다. 이 책은 나를 바짝 긴장시켰다. 한 번도 가보지 않은 곳을 여행할 때 느끼는 설렘 같은 것이 읽는 내내 나를 사로잡았다. 이번에는 또 왜 이럴까? 나이가 들어서일까? 성경 다음으로 중요한 책이라는 선전에 혹해서일까? 페이지마다 밑줄 치고 빼곡히 메모를 해놓은 이 책이 드디어(!) 내 인생의 책이 된 가장 중요한 이유는 '함께' 읽었기 때문이다. 누구와 함께? 십여 년 전의 나와 똑같이 좌충우돌하는 젊음의 한 절을 살아가고 있는 청년들과 함께 읽었다. 삶조차도 버거운 시절에 어떻게 '신앙'해야 하는가, 고민하며 갈등하는 청년들과 함께 읽었다. 뭔가 훌륭한 교훈이나 지침을 얻기 위해서가 아니라 그저 버티기 위해서, 함께 버티기 위해서 읽었다. 훌륭해지고 싶은 마음조차 내려놓고 읽었다. 그냥 함께 걸어보자는 마음으로 읽었다. 그랬더니 어느 새 《천로역정》은 내 삶과 신앙의 길벗이 되어 있었다. 반가운 일이었다. 혹시 아는가? 지금 이 지면을 읽고 있는 당신에게도 그런 일이 일어날지….

너를 불러 나그네로 만든다

'천로역정天路歷程'이라는 말을 처음 들은 것은 중고등부 시절이었다. 여름 수련회 프로그램 중에 천로역정이 있었다. 선생님들과 선배님들은 심혈을 기울여 그 프로그램을 준비했다. 그리고 우리는 경험했다. 기상천외한 장애물, 속이 뻔히 보이는 유혹들, 그러나 정말 무시무시했던 악마와의 결투! 횃불이 타올랐고 순진한 우리 중학생들은 온힘을 다해 그 역정歷程을 패스한 후에야 은혜로운 캠프파이어와 간식의 세계에 들어갈 수 있었음을!

지금은 '천로역정'이라는 말도 들어보지 못한 청년들이

많다. 그런데도 청년들에게 내가 (나 자신은 별로 좋아하지도 않았던) 이 책을 함께 읽어보자고 꼬드기게 된 것은 단 한 문장 탓이다. "이 책은 여러분을 불러내서 나그네로 만든다!This book will make a traveler of thee" 순간적으로 강한 충동을 불러일으키는 이 문장의 출처는 《천로역정》을 펴면 제일 앞에 나오는 '이 책에 대한 변명Excuses about this Book'이었다. 저자 존 버니언John Bunyan에게는 변명이 필요했다. "트집을 잡으려고 안간힘을 쓰는 이들"에게 자신의 글/길에 대한 변명이 필요했던 것이다. "비록 남루한 보자기"에 싸인 것처럼 보이는 글이지만 "마음과 펜을 인도"해주시는 분에 대한 믿음으로 써내려간 글이라고 했다. 그의 변명은 거침없었다. "우울한 감정에서 벗어나"고 싶은가? "유치하지 않으면서 유쾌해지고 싶은가?" "잠들지 않은 채 꿈을 꾸고 싶은가?" "환하게 웃으면서 동시에 눈물 흘리며 울고 싶은가?" […] "그렇다면 어서 오라, 이 책의 세계로!" 이건 '변명'이 아니라 '사자후獅子吼'였다. 젊음의 한창 때를, 그것도 12년이라는 시간을 감옥에서 썩혀야 했던 사람의 목소리라고는 믿을 수 없을 만큼 우렁차고 단단한 선언이었다. 그 목소리가 자꾸만 내 영혼을 자극했다. "이 책은 여러분을, 아니 너를 불러내서 나그네로 만든다." 거부할 수 없는 초대였다. 그런데 혼자 가기는 싫었다.

나그네에서 순례자로

창천교회 청년 18명과 함께 꾸린 《천로역정》 여행팀. 우리는 함께 나그네가 된 심정으로 매주 화요일 저녁에 모여 《천로역정》을 답사踏査하기 시작했다.

우리 모두에게는 나름의 여행 경험이 있었다. 요즘은 청년들도 여행을 많이 한다. 첫 시간, 우리는 책은 내려놓고 각자의 삶 속에서 가장 인상적이었던 여행 이야기를 나누었다. 한 주 전, 그 여행의 느낌이 오롯이 담겨 있는 사진을 몇 장씩 가지고 와달라고 부탁했다. 처음부터 책만 붙잡고 읽고 얘기하는 따분함을 피하고 싶어서였다.

그러나 우리의 '여행' 이야기는 청년들의 삶 속에 숨 쉬고 있는 강렬하면서도 가녀린 감정의 흐름을 공유하고 공감하는 시간이 됐다. 단순한 재미 이상이었다. 그토록 가

창천교회 청년들과 함께 떠난《천로역정》첫 시간

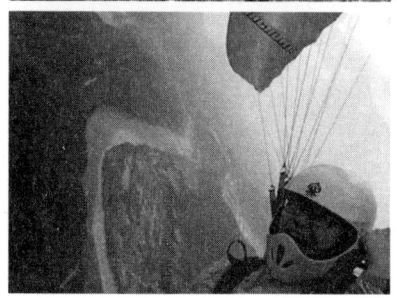

고팠던 알프스 산 앞에서 점프하는 남자 청년의 사진, 낙하산을 타고 까마득한 하늘 높은 곳에서 미소를 지은 여자 청년의 사진, 난생처음 엄마하고만 장거리 여행을 하면서 남긴 다정한 모녀 사진, 유럽의 어느 야간열차 안에서 인종차별을 경험하고 괴로운 상태에서 찍힌 사진, 1박2일 산행 중 꿀잠을 자는 모습이 적나라하게 포착된 사진 등. 우리는 각자의 사진 속에 나타난 삶의 이야기에 귀 기울이며 조금씩 마음을 열기 시작했다.

수십 년 전과 비교할 때 우리는 정말 여행을 많이 한다. 그런데 특별히 거룩한 목표를 가지고 (주로) 도보로 하는 여행을 '순례巡禮, Pilgrimage'라고 한다. 수없이 많은 여행길, 그 쉴 새 없는 움직임과 머무름과 엇갈림 어딘가에는 또한 '순례길'이 있을 것이다. 수많은 여행자들 사이, 어딘가에 순례자가 있을 것이다. 《천로역정》이라고 번역된 책의 원래 제목은 《순례자의 진보Pilgrim's Process》이다. '진보進步'라는 단어를 마음의 손으로 만지작거려본다. 그래, 조금씩 앞으로 걸어 나아가는 거다. 조금씩만! 그 과정에서 겪게 되는 여러 가지 어려움이야 여행길에서는 피할 수 없는 거니까….

순례자라는 말의 영어가 '필그림Pilgrim'이다. 라틴어 '페레그리누스Peregrinus'에서 나온 말이다. 원뜻은 '낯선 곳에 있는 사람'이다. 그러니까 좀 더 쉬운 영어로 번역하면 '스트레인저stranger'이다. 낯선 사람…. 뭐가 낯선 사람인가? 이 세상이 보기에 낯선 사람. 그리고 이 세상을 낯설어 하는 사람이다. 《순례자의 진보Pilgrim's Progress》를 시작하기에 앞서 우리는 함께 물었다. '우리는 어느 새 세상에 너무 익숙해져 있지 않은가?' '과연 우리는 순례자인가?'

베드로가 쓴 편지가 떠오른다. "예수 그리스도의 사도 베드로는 본도, 갈라디아, 갑바도기아, 아시아와 비두니아에 흩어진 나그네, 곧 하나님 아버지의 미리 아심을 따라 성령이 거룩하게 하심으로 순종함과 예수 그리스도의 피 뿌림을 얻기 위하여 택하심을 받은 자들에게 편지하노니."(벧전 1:1) 여기서 나그네를 영어 성경은 traveler(여행자)가 아니라 stranger(낯선 사람)라고 번역한다. 순례자인 것이다. 세상 속에서, 일상 속에서 '순례자'의 삶을 선택한 사람, 그가 바로 베드로가 가슴에 품고 있던 크리스천이다. 순례하는 인간Homo Peregrinus!

여행은 누구나 하는 것이지만, 무엇을 향해 여행하느냐가 중요하다. 삶은 누구나 사는 것이지만 어디를 향해 사느냐가 중요하다. 감히 그리스도를 '믿고 우러르며'[信仰] 여행하는 사람, 그래서 그 여행이 마침내 순례가 됨을 느낄 수 있는 사람이 크리스천이다.

"여행자는 요구하고, 순례자는 감사한다!turistas manden peregrinos agradecen" — 중세 라틴어 격언이다. 자기를 중심으로 하는 삶을 살아가는 사람, 그런 여행을 하는 사람은 늘 요구하고 불평불만이다. 그러나 '누구'를 향해 걷는지를 알고 살아가는 사람에게는 '감사'가 있다. 나는 지금 어떤 모습으로 걷고 있는가?

둘째 고개

탈출은 만만치 않다,
꿈속에서도!

"세상의 광야를 헤매다가 동굴이 있는 곳에 이르렀다. 거기서 하룻밤을 지내기로 하고 짐을 풀었다. 그러곤 깜빡 잠이 들었는데 꿈을 꾸었다. 지저분한 옷을 입은 남자가 자기 집을 외면한 채 서 있었다. 손에는 책 한 권을 들고 등에는 무거운 짐을 짊어졌다."(《천로역정》, 포이에마, 25쪽)

책을 든 청년, 그 안에 또 책을 든 청년

신촌의 밤거리가 어둠을 향해 기지개를 켠다. 어느 청년의 손에 책 한 권이 펼쳐져 있다. 그림책인가? 책에 그림이 제법 많다. 그래야 술술 읽힐 것 아닌가? 이건 뭐, 거의 사진 같은 느낌이 들 정도로 정교한 그림들이다. 이제 드디어 읽기 시작하려나? 그런데 잠깐! 첫 페이지를 펼치고 첫 그림을 보고 있는 그의 어깨 너머로 그림을 물끄러미 바라보고 있노라니 묘한 생각이 든다. 한 사람이 책을 들고 걷

어둠을 향해 펼쳐진 책, 그 책 속에 또 하나의 책…

는 그림… 그 모습을 책으로 보고 있는 한 청년, 그리고! 읽고 있는 한 사람과, 그걸 읽고 있는 청년의 모습을 읽고 있는 당신! 책을 붙잡고 있다는 것만으로 우리는 연결되어 있다. 청년의 시선으로 《천로역정》 속으로 들어간다. 그 책 안에서 우리는 또 한 권의 책 속으로 빨려 들어간다.

"사나이는 책을 펴서 읽기 시작했다. 가만히 보니, 눈물을 쏟으며 몸을 덜덜 떨고 있었다." 이렇게 《천로역정》은 책을 읽고 있는 한 남자의 이야기로 시작된다. 그의 길고 긴 여행은 결국 '책 읽기'에서 비롯된 셈이다. 아직은 그 정체를 알 수 없는 어떤 책을 읽으면서 그는 몸과 맘이 요동치는 경험을 한다. 도저히 그 충격을 참아낼 수 없어 이렇게 고함을 치기도 한다. "도대체 어떻게 해야 한단 말인가!" 그는 안절부절 못하고 있다. 걷는 중에도 책을 손에서 떼어놓지 못한다. 책을 읽으며 걷고 멈추고, 묻고 탄식하기를 반복한다. 그러다 마침내, 그 괴로운 독서와 번민에 뭔가 답을 해줄 수 있는 사람과 만나게 된다. 그의 이름은 전도자Evangelist, 그런데 보라! 그의 손에 들려 있는 것도 일종의 책, 양피지 두루마리였다. 또 한 번, 책과 책이 만난다.

읽는다는 것[讀書]에 관한 단상

오늘날 우리는 책을 읽으면서 별반 기대를 하지 않는다. 책을 읽는 사람들의 모습도 찾아보기 힘들다. 지하철이나 기차에서 책 읽는 사람들이 제법 있었던 때가 언제였더라? 지금은 대부분 핸드폰을 손에 쥐고 있다. 책에 대한 무의식적인 거리낌과 거부감도 있다. 오로지 시험만을 위해서 읽어야 했던 책들, 가르치는 이들의 권위 의식과 허영과 게으름 때문에 억지로 읽어야 했던 책들, 언론에서는 대단하다고 선전해서 샀더니만 정작 '내 스타일'은 아닌 것 같아서 집어치운 책들, 먹고 살기도 바쁜데 무슨 놈의 독서란 말이냐 하면서 쓱 지나쳤던 책들…. 우리의 짧은 학창생활 중에 책읽기란 시험공부, 취업공부에 오히려 방해가 되는 독서毒書처럼 느껴지던 때는 없었던가? 고단한 젊음에 고독한 여운이라도 느껴야 할 것 같아서 쉽고 재밌고 달달한 책을 골라 혼자 탐닉하며 읽는 독서獨書는 아니었던가? 그런 우리에게 《천로역정》의 주인공, 그러니까 한 권의 책에 온 몸으로 반응하는 한 사람의 모습은 낯설게 다가온다. 지나친 설정? 혹은 호들갑처럼 느껴질 수도 있다. 아닌가?

 어쨌든 우리는 읽는다. 꼭 책이 아니더라도 숱하게 읽는다. 라틴어에서 '읽다'는 뜻의 동사 '레제레legere'는 원래 온몸의 움직임과 관련된 말이다. 레제레는 어떤 열매를 '따기', '따서 간직하기', 밭에 떨어진 가지나 잔가지를 '거두기', '모으기', '꾸리기'를 뜻하는 단어였다. '읽다'라는 뜻의 독일어 '레젠lesen'도 너도밤나무 작대기를 모아 땔감을 비축하는 행위에서 나온 말이다. 한 겨울의 추위와 굶주림에서 살아남기 위한 필사의 노력! 온몸으로 텍스트의 바닥을 훑으면서 먹을거리를 모아 영혼의 허기를 채우고, 한 페이지 한 페이지에 이리저리 흩어져 있는 성찰의 나뭇가지들을 정성껏 그러모아 모닥불을 피우고 거기 둘러앉아 함께 공감과 비전의 불을 쬐며 추운 시절을 버텨내는 읽기! 과연 이런 독서 '이미지'가 우리 시대의 청년들에게도 스며들 수 있을까?

신나는 일상 탈출 – 함께 읽기의 출애굽

두려움 반 기대 반으로 《천로역정》 읽기에 돌입했다. 막상 읽어나가기 시작하니 책을 통한 만남과 이야기에는 기대 이상의 즐거움과 감동이 있었다. 우리의 독서를 생기 있게 해준 첫 번째 촉매제는 '밑줄'이었다. 미리 책을 읽으면서 유난히 마음에 와 닿은 부분에 밑줄을 그어온 청년들이 눈에 띄었다. 한두 명에게 그 밑줄 그은 부분을 소리 내어 낭독해 달라고 부탁했다. 그러면 다른 청년들이 신호를 보내온다. "헐, 나도 그 부분에 줄쳤는데?" 저쪽에서도

책 읽기는 맛있다. 간식이 있거나 없거나…

눈을 반짝이며 미소를 짓는다.

쓸데없이 개입할 필요도 없었다. 괜히 '네 생각을 한 번 얘기해봐!' 하면서 부담을 줄 필요도 없었다. 그냥 밑줄을 그은 부분을 자기 목소리로 낭독하는 것만으로 충분했다. 같은 곳에 밑줄을 그은 영혼과의 교감은 이미 시작되었다. 누구나 자기 목소리를 터뜨릴 수 있고 또 거기서 작은 기쁨을 느낄 수 있었다.

페이지마다 나란히 배열된 글줄, 그 아래 그어진 밑줄은 행복한 상상력을 불러일으킨다. '페이지'라는 말의 어

밑줄 그은 부분을 나누다. 포도 한 송이를 건네는 기쁨으로

원인 라틴어 '파기나pagina'는 포도밭 이랑을 가리키는 말이기도 하다. 회색빛 일상에서 벗어나, 작렬하는 태양빛 아래서 익어가는 포도송이 사이를 걷는다. 달콤하다. 군침이 돈다. 뭔가 말을 하고 싶다. 밑줄 그은 부분을 소리 내어 읽는 것만으로 충분하다. 그것만으로도 우리는 잘 익은 포도 한 송이를 따서 다른 이들에게 건네주는 선물을 하고 있다. 내가 먹어보니 맛있더라고, 너도 한번 맛을 보라고….

그렇게 우리는 '함께 읽기'의 출애굽을 시작하였다. 그

것이 굳이 '출애굽'처럼 다가왔던 까닭은 거기서 느끼는 '자유로움' 때문이었다. 묶여 있지 않음으로써 느끼는 자유가 아니라 하나의 이야기 속에 함께 묶여 있음으로써 맛보는 자유였다.

탈출은 만만치 않다

《천로역정》의 주인공 크리스천은 책을 읽다가 고민에 빠진다. 지금 그가 살고 있는 곳이 '멸망의 도시'라는 사실을 그 책이 가르쳐 주었기 때문이다. 죄의 짐 보따리가 그의 어깨를 무겁게 내리 누르고 있다. 심판과 지옥에 대한 두려움으로 안절부절 못하던 그는 '전도자'를 만난 덕분에 다행히 자기가 어디로 가야 할는지를 알게 된다. 영원한 생명을 찾아 일단 '좁은 문'이 있는 곳을 향해 달린다. '멸망의 도시' 안에서 남들과 똑같이 살아가던 길에서 벗어나는 '엑소더스', 탈출을 감행한 것이다.

모든 탈출이 그렇듯이, 특히 출애굽이 그랬듯이, 주인공의 탈출은 처음부터 결코 만만치 않았다. 주변의 만류와 비난은 아무것도 아니었다. 크리스천의 탈출을, 순례의 첫 여정을 정말 무섭게 가로막은 것은 '낙담Despond'이라는 이름의 늪이었다. 순식간에 온몸이 빠져들어 아무리 허우적거려도 빠져나갈 가망이 보이지 않는 깊고 무서운 수렁, 그것이 '낙담'이었다. 그러고 보니 '낙담落膽'이라는 말과 '늪'이라는 말은 자연스럽게 붙어 다닐 때가 많았다.

그 '낙담의 늪'을 묘사한 부분에 청년들은 너도나도 밑줄을 그어놓았다. "여기는 죄의식에서 비롯된 온갖 거품과 찌꺼기들이 밀려드는 바닥 중의 바닥이거든요. 그래서 낙담의 늪이라고 부르는 겁니다. 죄인이 스스로 자신의 절망적인 형편을 깨닫는 순간, 심령에서 솟구친 회의와 두려움, 맥 빠지게 만드는 걱정 근심 따위가 갖가지 끔찍한 괴로운 생각들과 함께 뒤엉켜 이 늪에 고입니다. 이 구덩이의 바닥이 그렇게 엉망진창인 까닭이 거기에 있습니다."(《천로역정》, 포이에마, 39쪽)

늪은 당황스럽다. 내가 전혀 예상하지 못했던 곳, 그런 시간에 나를 추락시키기 때문이다. 늪은 치욕스럽다. 그곳에 빠져버린 내가 너무나 못난 것 같아서, 이렇게 비참한 내 모습을 보이느니 차라리 죽는 게 나을 것 같기 때문이다. 또 늪은 혼란스럽다. 과연 어디까지 가라앉을 수 있는지, 그 안에 뭐가 있는지 도통 알 수 없기 때문이다.

늪에 빠져버린 나는 무기력하기만 하다. 한 번이 아니다. 다시는 빠져들지 말자, 다짐했던 그곳에 또 다시 빠져들다니! 힘없이 떨어져 내린[낙落] 나의 마음[담膽]은 질척한 오물덩이 속을 뒹굴고 있다. 지독한 냄새가 난다. 이럴 줄 알았다면 아예 떠나지도 않았을 텐데! 이럴 줄 알았다면 아예 믿지도 않았을 텐데! 이럴 줄 알았다면…. 끝없는 후회와 자책에 푹 젖은 몸과 맘은 축축 늘어지기만 한다. 아무것도 할 수 없다.

낙담은 자기 안의 늪이다. 번번이 빠져들게 되는 늪이다. 《천로역정》의 주인공이 순례의 여정에서 가장 먼저 만난 역경이 바로 낙담이었다는 사실은 의미심장하다. 틀에 박힌 삶에서 벗어나기 위해 몸부림치는 사람을 기다리고 있는 첫 번째 위기가 낙담이다. 인습적인 신앙에서 벗어나 신앙의 본질을 향해 발돋움하려는 사람을 당황스럽게, 치욕스럽게, 혼란스럽게 만드는 낙담이다. 참된 신앙인이 되기 위해 노력하는 청년들을 무기력하게 만드는 첫 번째 진지한 위기가 낙담이다. 이 사실을 그가 꿰뚫어본 것이다. 《천로역정》의 저자 존 버니언 말이다. 그야말로 순수한 신앙을 억압하는 공권력과 맞서다가 체포되어 감옥에 내던져진 젊은이 아니었던가! 어쩌면 그는 바로 그곳에서, 자신의 신념을 무너뜨리는 최초의 무서운 적이 바깥에 있지 않음을 깨우치지 않았을까? 순례자의 발목을 잡는 치명적인 원수는 자기 안의 음습한 늪, 낙담이라는 사실을 깨닫고 몸서리치지 않았을까?

그런데 어디선가 목소리가 들려온다. "손을 이쪽으로 뻗으세요!"

우리도 그 소리를 듣고 싶다. 그 소리는 '우리 밖에서 extra nobis' 들려온다. 기적처럼!

셋째 고개

나의 철창에서, 그러나 함께 벗어나기를 꿈꾸다

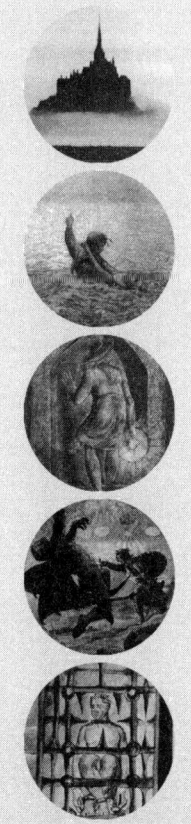

"댁이 만난 세속 현자라는 양반은 이름 그대로입니다. 세상이 주는 가르침을 더없이 좋아하죠. 끊임없이 도덕 마을을 들락거립니다. 그곳에 있는 교회에 다니거든요. 속세의 원리를 그토록 떠받드는 건 십자가에 다가가지 않는 데 도움이 되기 때문입니다."(《천로역정》, 52-53쪽)

세속 현자를 조심하라!

천신만고 끝에 그 낙담의 늪에서 벗어난 크리스천은 열심히 가던 길을 계속 갔다. 그런데 다시 한 번, 그를 올바른 길에서 벗어나게 만드는 것이 나타나는데, 이번에는 '사람'이다. 그 사람의 이름이 뭐냐? '세속 현자'이다. 영어 원문에는 '세상적으로 지혜로운 사람worldly-wise man'이라고 되어 있다.

우리는 지혜로워지고 싶은 사람들이다. 어렸을 적부터

얼마나 많이 듣던 말인가? 지식이 아니라 지혜를 구하라고! 그러면서 그 '지혜'를 예찬하는 《잠언》을 자의반 타의반으로 열심히 읽어왔다. 그 지혜도 '헛되다'고 말하는 《전도서》는 건너뛰면서! '지혜로운 사람'이라는 말은 참 솔깃하다. 솔직히 나도 언젠가는 그런 지혜로운 사람이라는 말을 듣고 싶다. 그런데 그 '솔깃함'과 '솔직함'으로 마음이 술렁이는 까닭은 혹시… 혹시? 그 지혜가 '세상적으로'도 인정받을 만한 것이라서가 아닐까?

'세속 현자'는 일찍부터 크리스천이 가는 길 위에서 크리스천을 기다리고 있었다. 크리스천이 힘들어 하는 것을 누구보다도 잘 알고 있었다. 일찍이 수많은 순례자들이 그를 지나쳐갔기 때문이다. 아니, 사실은 그를 지나쳐가지 못했다. 그에게 부딪혀 결국은 신앙의 길을 포기하고 말았다. 그 포기를 충분히 정당화할 수 있는 세상적인 '지혜'가 그들에게 있기 때문에 아쉬워하지도 않을 것이다. '세속 현자'는 경험이 많은 사람이다. 그는 크리스천의 등에 매달린 무거운 짐의 정체를 꿰뚫어보고 있다. 죄의 짐, 죄의식의 짐이다. 여러 가지 걱정의 짐이다. 그는 경험 많은 '어르신' 행세를 하면서 젊은 순례자에게 이렇게 훈수한다. "댁 혼자만 당하는 봉변이 아니오. 분수를 모르고 너무 고귀한 일에 끼어들었던 허약한 이들이 수없이 같은 신세가 됐지."

'세속 현자'는 청년들에게 꼰대의 모습으로 나타날 수도 있다. 그 흔한 멘토mentor의 모습으로 다가오기도 한다. 어쩌면 우리 시대에 범람하는 미디어 정보들이 우리 마음속의 '세속 현자' 노릇을 하고 있지 않은가? 그는 우리의 무거운 짐을 단번에 벗어버리는 쉬운 길이 있다고 가르친다. 이것이 포인트다. 어리석은 사람들이 걷고 있는 어려운 길 말고 '쉬운 길'이 있으니 거기로 가라! 우리는 불필요한 고생을 피하기 위해 스마트하게 지혜를 검색한다.

교회 안의 세속 현자?

세속 지혜가 알려준 '곁'길로 스마트하게 들어간 크리스천. 그러나 그는 예상했던 것과는 너무나도 다른 현실과 마주하게 된다. 길은 생각했던 것보다 훨씬 높고 험했다. 게다가 고부랑길을 끼고 돌아가는 부분은 한쪽이 깎아지른 벼랑이었고 위에서는 길이 무너져 내릴 것 같은 형국이었다. 엎친 데 덮친 격으로 천둥번개가 쉴 새 없이 몰아쳤다. 크리스천은 그제야 자신이 잘못된 길로 온 것을 깨닫는다. 차라리 다행이라고 해야 할까?

세속의 지혜는 자기 힘으로 자신의 삶을 행복하게 만들 수 있는 길이 있다고 속삭인다. 우리 안에 있는 자기기만적 의지를 부추긴다. 세상적인 행복을 추구하면서도 도덕적으로 다른 사람보다 조금 낫게 살면 되는 거 아닌가? 세상의 법을 잘 지키면서 범죄를 멀리하고 가끔 선행을 한다면? 그 정도면 훌륭한 거 아닌가? 세상에서 누리는 것, 세련된 것을 다 누리면서 '구원'에 이르는 길은 없을까? '세속 현자'의 존재는 예나 지금이나 큰 위협이다. 달콤하기 때문이다. 매력적이기 때문이다. 젊은 크리스천은 절망적인 상황과 맞닥뜨리고 나서야 자신의 실수를 깨닫는다. 다행히 다시 전도자(복음의 말씀)가 그를 정신 차리게 한다.

이 부분을 읽다가 나와 청년들이 아주 깜짝 놀란 부분이 있다. 그 세속 현자가 교회 다니는 사람이었다는 대목이다. 전도자는 크리스천에게 이렇게 알려준다. "댁이 만난 세속 현자라는 양반은 이름 그대로입니다. 세상이 주는 가르침을 더없이 좋아하죠. 끊임없이 도덕 마을을 들락거립니다. 그곳에 있는 교회에 다니거든요. 속세의 원리를 그토록 떠받드는 건 십자가에 다가가지 않는 데 도움이 되기 때문입니다."(《천로역정》, 포이에마, 52-53쪽)

그곳에도 교회가 있다! 속세의 원리를 떠받들고 도덕적인 훈계를 늘어놓는 교회가 있다. 세상적인 출세와 번영의 가치를 복음과 살짝 섞어서 가르치는 교회가 있다. '세속 현자'는 교회에 다니지 않는 사람이 아니다. 오히려 그 교회에서 존경받고 영향력을 행사하는 사람일 가능성이 높다. 기억하라, 세상의 가치가 아무런 거리낌 없이 통용되는 교회가 있다. 주의하라, 세상적인 성공과 믿음 생활을 매끄럽게 결합시킨 '세속 현자'의 교회를!

우리는 수시로 그런 '곁길'에 빠진다. 그때마다 우리 안에 있는 '세속 현자'도 단단히 한몫을 한다. 전도자는 우리에게 단단히 주의를 준다. "당신의 죄는 이루 헤아릴 수 없을 만큼 큽니다. 한편으로는 선한 길을 저버리고 다른 한편으로는 금지된 길에 발을 들여놓는 두 가지 잘못을 동시에 범했기 때문이죠. 그럼에도 불구하고 양의 문에서 기다리는 분은 크리스천 씨를 반가이 맞아주실 겁니다." 얼마나 위로가 되는 말씀인가! 바로 그 말씀이 여러분을 위해 고난의 길을 가신다. 바로 그 말씀이 걸어간 '쉽지 않은 길', 고난의 길을 바라보며 함께하는 계절이 '사순절'이다. 바로 그분이 계시기 때문에 크리스천은 다시 올바른 길, 좁은 길로 돌아와 부지런히 길을 걷는다.

당신을 가둬놓는 철창은 무엇입니까?

그래서 당도한 '양의 문', 곧 '구원의 문'에서 크리스천은 거기서 '착한 의지'라는 사람의 영접을 받는다. 그리고 '해석자'라는 사람의 집으로 안내되는데, 거기서 해석자는 크리스천에게 7가지의 유익한 이미지들을 보여준다. 창천교회 청년들은 그 가운데 한 가지 이미지를 집중적으로 고민해보기로 했다. 그것은 바로 '철창iron cage'에 갇힌 한 사람에 대한 이야기였다. 이 사람은 믿음의 길을 기쁘게 걷던 사람이었다. 그러나 자포자기, 절망의 상태에 빠져 있다. 그는 자신을 가둬놓은 철창에서 빠져나오지 못한다.

세상의 욕망을 따라서 살다보니 그것이 결국 자기를 좀먹어 이런 상태에 빠졌다는 것이다. 그는 이렇게 말한다. "주님이 손수 나를 이 철창에 가두신 게 틀림없어요. 세상 누구도 날 풀어줄 수 없어요."

《천로역정》을 읽고 있는 청년들과 함께 '숙제'를 공유했다. 오늘 나의 삶을 가둬놓고 있는 '철창'을 그림으로 표현해 보자. 네모난 그림틀을 그 철창으로 생각하고 거기에 "~라는 철창에 갇혀Being kept in the iron cage of~"라는 글귀를 생각하고 그림을 그리기로 했다. 일주일 후, 우리는 자기를 옴짝달싹 못하게 만드는 '철창'을 내보이는 시간을 마련했다.

　책을 읽고 나누던 책상 위에 '철창'을 상징하는 나무 책꽂이 하나를 올려놓았다. 그리고 그 위에 각자의 그림을 올려놓았다. 책꽂이 뒤에 서서 저마다의 철창을 소개하는 시간을 가졌다.

　남자 청년 하나는 자기를 가두는 철창을 익살스럽게 그렸다. "돈, 영어, 오락, 치킨, 공부, 게으름, 잠"의 철창이다. "내가 할 수 있는 것이 아무것도 없다는 무기력감"이 철창이 되어 있는 청년들도 있었다. "책으로 얻은 지식의 철장"에 갇혀 있는 자기 모습을 토로한 사람도 있었다. 몇 년 전부터 자신을 아프게 하는 몸의 통증이 시야를 제약하고 삶을 위축시키고, 마치 바울을 괴롭혔던 '가시'처럼 계속해서 찌르고 있어 그 고통에서 벗어나지 못하는 상황을 이야기로 들려주는 청년⋯. 그가 그린 그림 속 둥글고 커다란 눈의 눈동자가 그의 얼굴 전체로 표현돼 있었다. 그 얼굴을 힘겹게 떠받치고 있는 몸 전체가 아픔의 눈물 한 방울처럼 여겨졌다. 또 어떤 청년에게는 "착한 사람이 되어야 한다는 강박"이 그의 철창이었다.

　누구나 살아가면서 자기만의 철장이 있다. 거기서 벗어나야 한다. 거기서 벗어나는 여정, 우리의 출애굽이 일어나야 한다. 청년들이 자기만의 철창에서 벗어나는 것을 공동체적으로 함께 지지해주고 도와주는 교회, 그런 교회의 꿈을 꾸면서 우리는 《천로역정》의 세 번째 시간을 나누었다. 나의 철창이 무엇인지를 곰곰 되짚어보고 그것을 호명하는 것만으로도 그 철창의 위세가 누그러지는 것을

느꼈다.

    우리를 묶고 있는 것이 오히려 '시온의 대로'가 되어 쭉 뻗어나가는 장면을 하얀 천과 붉은 천으로 표현해보았다. 그리고 그 길 위에 초록빛 허브 잎사귀를 징검다리처럼 깔아놓았다. 그리고 우리는 그 희망의 상큼한 내음을 맛본다. 철창에서 벗어난 우리의 삶에 불어올 새 생명의 향기를 맛본다.

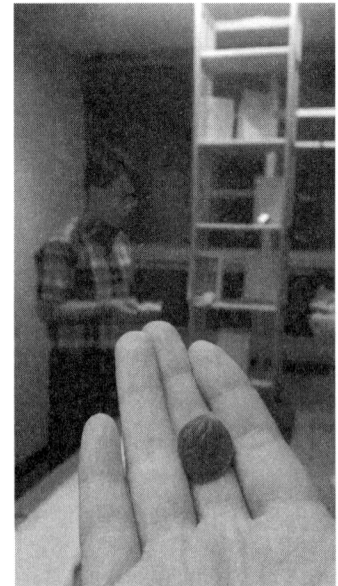

넷째 고개

'영원히 여성적인 것'이 우리를 인도하리라

"크리스천과 숙녀들은 식사가 준비될 때까지 많은 이야기를 나누었다. 식탁이 마련되고 상이 차려지자 다 같이 둘러앉았다. 상에는 먹음직스러운 음식들과 향기로운 포도주가 그득했으며 고개의 주인에 얽힌 사연들로 이야기꽃을 피웠다. 주님이 무슨 일을 하셨고, 왜 그렇게 하셨는지, 무엇 때문에 이 집을 세우셨는지 나누며 찬양했다."(《천로역정》, 111쪽)

기도 나룻배의 노(櫓)가 되어

어느 교회 주보에 실린 시 한 편을 읽고 킥킥 웃음이 새어나왔다. 아마도 시인은 교회에 꼬박꼬박 나가는 사람이 아닌 것 같았다. 그에 비해 시인의 아내는 열성적으로 교회에 다니면서, 열성적인 신자들의 독특한 언어와 몸짓에 어느 정도 젖어 있는 분 같았다. 시인으로 살아가는 남편을 둔 고달픈(!) 여인의 모습을 떠올려보았다. 그녀는 기도를 할 때 "몸을 앞뒤로 시계추처럼 흔들며" 기도한다. 소중한 자녀를 위해 기도하면서 수시로 튀어나오는 말은

"책임져 주옵소서!"이다. 그러나 쉴 새 없이 몸을 앞뒤로 흔드는 가운데 반복되는 그 말이, 무책임한 시인의 귀에는 엉뚱한 말로 들려온다.

"아들이 군에 입대한 뒤로 아내는 새벽마다 남몰래 일어나 비어 있는 아들 방 문 앞에 무릎 꿇고 앉아 몸을 앞뒤로 시계추처럼 흔들며 기도를 한다.
하느님 아버지, 어떻게 주신 아들입니까? 그 아들 비록 어둡고 험한 곳에 놓일지라도 머리털 하나라도 상하지 않도록 주님께서 채금져 주옵소서.
도대체 아내는 하느님한테 미리 빚을 놓아 받을 돈이라도 있다는 것인지 하느님께서 수금해주실 일이라도 있다는 것인지 계속해서 채금(債金)져 달라고만 되풀이 되풀이 기도를 드린다.
딸아이가 고3이 된 뒤로부터는 또 딸아이 방 문 앞에 가서도 여전히 몸을 앞뒤로 흔들며 똑같은 기도를 드린다.
하느님 아버지, 이미 알고 계시지요? 지금 그 딸 너무나 힘든 공부를 하고 있는 중이오니 하느님께서 그의 앞길에 등불이 되어 밝혀주시고 그의 모든 것을 채금져 주옵소서.

우리 네 식구 날마다 놓인 강물이 다를지라도 그 기도 나룻배의 노(櫓)가 되어 앞으로인 듯 뒤로인 듯 흔들리며 나아감을 하느님만 빙긋이 웃으시며 내려다보시고 계심을 우리는 오늘도 짐짓 알지 못한 채 하루를 산다."(나태주, 〈노櫓〉)

"책임"이 "채금債金"으로 들린 것은 가난한 시인의 부실한 청력 탓인지, 그런 시인 남편과 살면서 두 자식 뒷바라지하느라 고단한 여인의 허술한 발음 탓인지, 그도 저도 아닌 다른 이유가 있는지 모르겠다. 그런데 그냥 그 장면이 눈에 선하게 그려진다. 새벽마다 "남몰래" ─도대체 남편은 "남"인가 아닌가!─ 자녀를 위해 무릎을 꿇고 간절히, 몸을 앞뒤로 흔들며 기도하는 아내의 모습에서 노 젓는 뱃사공의 움직임이 얼비친다. 힘겹게, 그러나 조금씩 앞으로 나아가는 "그 기도 나룻배"가 보인다. 그 배가 있기에, 다행히 그 배에 실려 있기에, 우리의 삶은 물살을 가르고 우리의 영혼은 신의 미소를 예감한다.

기도의 노(櫓), 찬송의 노(櫓)

나태주 시인의 시를 읽을 때마다 웃음이 나오면서도 나의 영혼의 깊은 곳을 누군가가 쓰다듬어주는 감동을 느낀다. 나에게도 나를 앞으로, 앞으로 나아갈 수 있게 만든 "기도 나룻배의 노"가 있었기 때문이다. 고등학교 다니던 시절, 새벽기도회 다녀오신 어머니는 나의 머리 위에 두 손을 얹고 한참을 기도하셨다. 어머니의 손길을 느끼고 잠이 깼지만, 나는 계속 잠을 자는 척하며 어머니의 기도를 듣고 있었다. 아니, 그 기도를 온몸으로 느끼고 있었다.

우리 가족이 한자리에 모일 때마다 구舊찬송가 455장, "주 안에 있는 나에게"를 부른다. 모두가 외워 부를 수 있는 찬송이기 때문이다. 그 찬송이 우리 가족의 DNA가 되게 만들어주신 분은 황혜훈 권사님, 나의 할머니시다. 새벽마다 예산양막교회의 종을 치시며 새벽을 깨우셨던 할머니의 목소리는 들을 수 없지만, 우리는 "주 안에 있는 나에게"를 부르며 마음을 하나로 모은다. 함께 찬양하면서, 그 찬양의 노櫓를 저으며 흔들흔들 앞으로 나아간다.

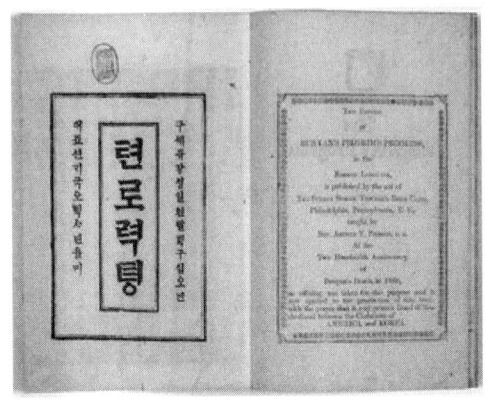

게일 선교사의 번역, 김준근의 판각 《천로역정》(1894)

십자가 밑에 나아가 내 짐을 풀었네

《천로역정》의 크리스천은 구원의 문에 들어가서 해석자를 통해 순례자에게 필요한 가르침을 받는다. 일단 마음으로 예수 그리스도의 구원을 믿고 의지하기로 한다. 그런데 흥미롭게도 그의 등에 있는 무거운 짐은 여전히 사라지지 않는다. 구원의 문을 통과했어도, 그래서 법적으로는 구원을 받았어도, 예전과 똑같은 죄의식에 시달릴 수가 있다. 그러면 어떻게 이것을 털어버릴 수 있을까? 우리의 할머니들이, 어머니들이 몸을 앞뒤로 흔들며 부르던 찬송 소리가 들려온다. "십자기 밑에 나아가 내 짐을 풀었네… 내 짐을 풀었네…."

앞만 보고 힘겹게 달려가던 크리스천 앞에 야트막한 언덕이 나타난다. 그 꼭대기에는 십자가가 서 있다. 바로 이것이다. 험한 십자가! 언덕을 기어올라 마침내 십자가에 이르자 크리스천을 짓누르던 짐 보따리가 등에서 툭 떨어져나가더니 떼굴떼굴 굴러서 언덕 아래쪽에 있던 무덤 속으로 사라져버린다. 자신의 힘으로는 절대 떨칠 수 없었던 짐이 무덤의 어둠 속으로 들어가버린다. 뭐가 생각나는가? 십자가 위에서 죽으신 주님이 묻혀 계셨던 곳, 그러나 부활로 인해 비어 있는 무덤이다. 이제 그 무덤은 우리의 죄 짐을 완전히 내던져버릴 수 있는 곳이 된다.

내 힘으로는 어쩔 수 없는 여러분 안의 가장 무거운 짐을 끊어내기 위해서, 자기 목숨이 끊어지는 아픔을 감내하신 분이 오고 계신다. 그분을 기억하는 근신의 계절이기에 보랏빛이다. 죄 짐이 떨어져나간 순간, 크리스천의 입에서 흘러나오는 노래가 절창이다. "이제 짐은 떨어졌네. / 내 등에서 영원히. / 붙들어 맸던 끈은 풀리고 / 은혜가 슬픔을 잘라냈네." 이 노래가 사순절에 부르는 여러분의 노래가 되기를 바란다. '슬픔을 잘라냈다'는 표현이 기가 막히다. 슬픔은 잘라내야 한다. 은혜로 잘라내야 한다.

품이 되어주는 여성들

크리스천은 십자가 언덕에서 천사 셋을 만난다. 한 천사는 죄의 용서를 선포해주고, 또 한 천사는 누더기 옷을 벗기고 새 옷을 입혀준다. 또 다른 천사는 이마에 표시를 해주고 봉인된 두루마리 하나를 건넨다. 그리고 그 천사들이 가르쳐준 방향으로 크리스천의 순례는 계속된다. 물론 그 순례는 편하고 쉬운 길이 아니었다. 그가 한참을 걸은 끝에 맞닥뜨린 곳의 이름이 '곤고재困苦齋, The Hill Difficulty'이다. 글자 그대로 힘들고 고통스러운 언덕이다. 크리스천은 두 손과 무릎으로 엉금엉금 기면서 언덕을 오른다. 언덕의 중간쯤 가자 시원한 정자가 나타났는데 크리스천은 거기 털썩 주저앉아 잠들고 만다. 얼마나 깊이 잠들었는지, 천사가 준 두루마리가 떨어지는 것도 모르고 코를 골았다. 얼마 후, 소스라치며 다시 일어난 크리스천은 허

간신히 도로 찾은 두루마리

겹지겹 언덕을 오르고, 한참 뒤에야 두루마리를 놓고 온 걸 알게 된다. 크리스천은 자신의 안일함과 부주의를 탓하며 다시 쉼터로 내려와 간신히 두루마리를 찾는다. 그가 다시 고갯길을 타고 올라 꼭대기에 도착했을 때는 해가 이미 지고 난 뒤였다.

다행히도 크리스천은 '아름다움의 집'이라는 곳에서 하룻밤 묵어갈 수 있게 된다. 그 집에서 세 아가씨가 크리스천을 반갑게 맞아준다. 세 아가씨의 이름은 '분별', '경건',

아름다움의 집(美宮)에 만난 세 아가씨. 분별, 경건, 자선

'자선'이다. 그들은 오랜 여행길에 지친 크리스천에게 풍성한 식사와 편안한 휴식을 제공해주었다. 또 좋은 신앙 서적들을 읽을 수 있게 해주었다. 분별이라는 이름의 아가씨가 '겸손의 골짜기'를 조심하라고 말해준다. 그리고 전투를 위한 갑옷도 단단히 챙겨준다.

오늘 우리 시대를 살아가는 모든 사람에게도 이런 여성들이 있다. 인생살이에 지친 우리를 낳고, 기르고, 챙겨주고… 무엇보다도 기도의 나룻배 노櫓가 되어준 여성들…. 잊지 말아야 한다. 우리는 모두 여성들의 (죽임을 이기는)

'살림'의 힘으로, 기도의 힘으로 여기까지 왔으니 말이다. 《천로역정》은 우리의 순례가 그 여성들의 감동적인 도움 덕분에 계속될 수 있음을 아름답게 묘사하고 있다.

존 버니언(1628~1688)이 살던 시대에도 평범한 여성들의 삶은 그리 호락호락하지 않았을 것이다. 여성들은 고된 (가사)노동으로 가족의 삶을 든든하게 지탱해주었건만 그들의 노력을 제대로 인정해줄 만한 사회적 분위기가 아니었다. 그런 시대에 버니언은 《천로역정》에서 여성의 역할에 놀라울 정도로 적극적인 의미 부여를 한다. 아무래도 존 버니언의 삶에 크나큰 영향을 끼친 여성들의 존재가 그의 펜을 움직였던 건 아닐까!

고향에서 가난한 땜장이로 살아가던 존에게 시집 온 여인 메리가 결혼 지참물로 가져온 것이라고는 경건 서적 두 권밖에 없었다. 아더 덴트의 《평범한 사람이 천국에 이르는 길》과 루이스 베일리의 《경건의 실천》이었다. 그 시대 영국의 부르주아 계층은 부인의 결혼 지참금을 중요한 밑천으로 삼아 재산을 늘려갔다고 하는데, 땜장이 존의 부인이 가져온 것은 두 권의 책이 전부였던 것이다. 그런데 바로 그 책을 통해 존은 예수를 처음 알았고, 그 아내의 주선으로 알게 된 존 기포드John Gifford 목사에게 큰 감화를 받았다. 그의 삶을 바꾼 순간이었다. 부인의 도움이 없었더라면 불가능한 일이었다. 기포드 목사가 이끄는 집회를 주도했던 이들도 여덟 명의 부인이었다. 첫 번째 부인 메리가 병으로 세상을 떠난 후, 존 버니언의 두 번째 부인이 된 엘리자베스는 씩씩하고 대담한 여인이었다고 전한다. 결혼 후 1년 만에 남편이 감옥에 갇히고 12년간 옥살이를 하는 동안에도 엘리자베스는 총명함과 용기로 권력자들의 적대감과 증오심을 막아내고 탄원서를 제출하는 등 헌신적인 노력을 기울인 것으로 알려져 있다.

우리는 《천로역정》의 이 부분을 읽으면서 요한 볼프강 괴테의 《파우스트》의 마지막에 나오는 신비의 합창을 포개어 듣게 된다. "영원히 여성적인 것이 우리를 이끌어가도다."

다섯째 고개

우리는 이 결투를 피해갈 수 없다, 그러나…

"승기를 잡았다고 생각한 괴물은 거침없이 크리스천을 붙잡아 땅에 패대기쳤다. 가엾은 순례자는 칼까지 놓치고 말았다. '넌 이제 죽었어!' 아볼루온은 의기양양하게 소리치며 짓밟아 죽일 듯 덤벼들었다. 크리스천은 이젠 정말 끝이구나 싶었다."(《천로역정》, 127쪽)

싸움을 피해서 살고 싶지만

"웬만하면 싸우지 않고 좋게 넘어가려고 했는데…." 그 다음에 무슨 말이 튀어나올지 조마조마하다. 그 말 뒤에 무슨 험악한 행동이 뒤따라올지 겁이 난다. 그는 참고 또 참았던 혈기를 폭발시킨다. 감추고 또 감춰왔던 그의 '실력'을 발휘할 때가 된 것이다. 악을 쓰며 달려드는 악의 세력을 악 소리 나게 때려눕힌다. 그렇게 본때를 보여준 그는…

삼류영화나 조잡한 드라마에 등장하는 그는 우리의 억눌린 내면에서도 잠시 나타났다가 사라진다. 꿈속에서,

상상 속에서 그는 온갖 활극을 연출한다. 악당을 무찌르고 평화를 가져온다. 무엇보다 자기 자신에 대한 긍지와 주위의 박수를 확보한다. 그러나 꿈에서 깨어나는 순간 너무나 아쉽게, 상상이 끝나는 자리에서는 너무나 빠르게 그가 사라진다. 분신인 그가 사라진 자리에 남은 나는… 참고 또 참는다. 감추고 또 감춘다. 이러다가 나도 사라지는 것 아닐까?

온 세상을 향해 맘껏 도약하는 젊음이고 싶지만 정말 원수 같은 장애물들이 너무나 많다. 원수 같은 세상, 원수 같은 사람들 앞에서 분노로 몸을 떨 때는 많이 있지만 어떻게 싸워야 할지 모르겠다. 호메로스의 《오디세이아》에서 오니세우스와 페넬로페의 아들로 등장하는 스물한 살의 청년 텔레마코스처럼 유약해 보인다. 멀리 떨어져 있다는 뜻의 '텔레tele'와 격렬한 싸움이나 전투, 혹은 전사戰士를 뜻하는 '마코스macos'가 결합된 그 이름은 오늘 나의 비겁한 젊음과 닮아 있는 것 같아서, 그래서 싫다.

그러나 이 세상을 '어쩔 수 없는 망할 놈의 세상'으로 받아들이고 그저 투덜거리기만 할 뿐 그럭저럭 순응하며 살아가는 사람들과는 달리, 순례자로서의 소명을 붙들고 살아가는 사람은 순간순간 격렬한 전투를 치르게 된다. 특히 크리스천 젊은이들은 그 전투를 피해 달아날 수 없다. 《천로역정》의 크리스천이 그걸 잘 보여주지 않는가? 그는 '아름다움의 집Beautiful House'에 언제까지나 머물러 있을 수 없었다. 순례의 여정은 언제나 우리를 '겸손의 골짜기'로 인도한다. 그런데 여기서 '겸손'이란 단순히 자신을 낮추는 마음과 몸의 자세를 가리키는 말처럼 들리지 않는다. 겸손을 뜻하는 영어 '휴밀리티humility'가 '흙'을 뜻하는 라틴어 '후무스humus'에서 나온 것이라면, 여기서 크리스천이 만난 '겸손의 골짜기'는 우리를 '흙바닥'에 내동댕이치는 것 같은 시련의 시간을 말하는 것 같았다.

바닥없는 구렁텅이, 아볼루온

겸손의 골짜기에 들어서자마자, 크리스천은 잔혹하기로 악명 높은 괴물 '아볼루온'과 정면으로 맞닥뜨린다. 《천로역정》은 그 괴물의 모습을 이렇게 묘사한다. "보기만 해도 진저리가 날 만큼 끔찍한 몰골이었다. 물고기처럼 비늘이 온몸을 덮었고 용처럼 날개가 달려 있었다. 다리는 곰을 닮았고, 배에서는 불과 연기가 쏟아져 나왔으며, 입은 사자와 비슷했다." 등을 돌려 도망갈 수 없다. 그러다간 괴물의 불화살에 맞아 죽기 십상이다. 죽으나 사나 그 괴물과 맞장을 뜨는 수밖에 없다.

우리는 신약성경의 마지막 책 요한계시록에서 '아볼루온'이라는 이름을 접하게 된다. "그들에게 왕이 있으니 무저갱의 사자라 히브리어로는 그 이름이 아바돈이요 헬라어로는 그 이름이 아볼루온이더라."(계 9:11) 여기서 "그들"은 메뚜기 괴물들을 말한다. 생명을 잠식하고 파괴하는 무자비한 세력이다. 그 패거리의 왕이 히브리어로는 아바돈 Abadon('파괴의 장소')이고 헬라어로는 아볼루온 Apollyon('파괴자')이다. '무저갱無底坑'이라는 말도 흥미롭지 않은가. 밑바닥[底]이 없는[無] 구렁텅이[坑]다. 아무리 쏟아 부어도 채워지지 않는, 밑도 끝도 없는 구덩이…. 그 까마득한 구덩이를 상상하면서 오늘날의 도시 문명, 그 탐욕의 허구렁을 동시에 떠올리는 나…. 그런데 나의 내면 안에 똬리를 틀고 있는 또 하나의 무저갱을 보는 순간, 아찔하다.

나의 안팎의 아볼루온과의 전투, 피할 수 없다.

우리의 삶에서 듣게 되는 아볼루온의 불화살-말

불화살 같은 말의 공격

아볼루온은 물리적인 폭력으로 본격적인 공격을 퍼붓기에 앞서 일단 말로 크리스천을 굴복시키려고 한다. 아니, 어쩌면 그의 말 공격이 이미 본격적本格的인 것이었다. 때로는 위협적인 말로, 때로는 회유하는 말로, 때로는 교묘한 거짓으로 불화살 같은 공격을 시작한다.

"감히 나를 배신하고 달아나겠다고? 다시 수하에 두고 부릴 작정이 아니었더라면 네까짓 것쯤은 한 방에 끝낼 수도 있었어."

"혹시 알고 있나? 그는 거처에 콕 박혀서 자신을 따르는 이들을 내 손에서 건져내기 위해 밖으로 나와 본 적이 없어."

"일이 고되고 삯이 적은 게 문제라면 다 해결해줄 테니 얼른 돌아가거라. 섭섭잖게 대우해주마."

"그(그리스도)를 섬기던 이들 가운데 상당수가 나와 내 길을 등졌다가 비참하고 수치스러운 최후를 맞았다는 것쯤은 들어봤겠지?"

"지금이라도 내게 돌아오면 만사가 잘 풀릴 것이다."

"그를 섬기겠노라 주절거리다가 냉큼 등을 돌리고 날 찾아오는 인간이 어디 한둘인 줄 아느냐?"

싸움이 시작되었다. 물러설 수 없는 한 판 싸움이다. 크리스천도 죽을힘을 다해 아볼루온에게 대든다. 괴물의 흉악한 말에 먹히지 않으려면 힘 있는 말로 대적해야 한다. 듣고만 있어서는 안 된다. 가만히 있어서는 안 된다. 혼신의 힘을 다해 나의 목소리를 내야 한다. 크리스천은 괴물의 말을 맞받아친다. "이미 다른 분께 날 드렸다. 왕의 왕께 바친 몸이 되었으니, 어떻게 네 밑으로 되돌아가겠느냐?" 예수 그리스도를 섬기기로 작정한 크리스천의 마음을 돌릴 수 없다는 판단이 서자, 아볼루온의 불화살은 교묘하게 크리스천의 개인적인 약점을 향해 집중적으로 퍼부어진다.

> "여태까지 제대로 섬기지도 못했잖아, 안 그래? 그래놓고 어떻게 그쪽에서 잘되기를 바라지?"

> "너는 겁이 많잖아. 어리석고 게을러. 모든 걸 다 집어치우고 돌아가려는 마음을 먹은 게 어디 한두 번인가?"

> "지금껏 걸어온 여정을 얘기할 때마다 속으로는 듣는 이들이 열광해주기를 원했잖아."

《천로역정》의 크리스천은 아볼루온의 이런 말에도 굴하지 않는다. 그러나 아볼루온의 입에서 날아오는 그 말들을 능수능란하게 피해내지 못하는 사람이 있었다. 바로 나였다. 나는 그 말들 앞에서 쩔쩔맸다. 어떤 말은 절묘하게 나의 내면에 꽂혀 나를 두려움과 자괴감의 구덩이로 자빠뜨렸다.

가면 속의 아볼루온과 싸우다

나는 아볼루온의 말, 불화살 같이 날아와서 우리 속으로 파고드는 공포의 말을 (위의 형태로) 프린트·출력·코팅했다. 그리고 함께《천로역정》을 읽는 창천교회 청년들에게 그 가운데 자신을 가장 힘들게 하는 말을 골라보라고 했다. 청년들은 각각 자기에게 상처가 된 어구들을 집어 들고 언제, 누구에게 이런 말을 듣는지 이야기를 나누었다. 때로는 학교에서 때로는 직장에서 이런 공격적인 말을 듣는 청년들이 많았다. 그럴 때마다 적절한 내용으로, 적절한 목소리로 맞대응하지 못하는 자신을 느끼며 우울해할 때가 종종 있다고 했다. 그래서 가면을 이용한 역할

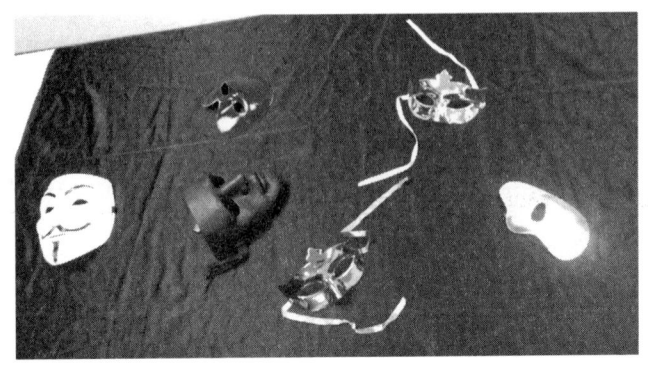

우리는 가면과 함께 좀 더 편안하게 역할을 표현해볼 수 있다

놀이를 제안했다.

　탁자 위에 여러 개의 다양한 가면을 올려놓았다. 무서운 협박, 교묘한 거짓말, 달콤한 유혹 등을 상징하는 가면이다. 누군가(청년A)가 그 가면 중 하나를 쓴다. 그리고 다른 친구(청년B)가 골라서 가지고 있는 아볼루온의 말 하나를 흉내 낸다. 가령 청년A는 가면을 쓴 상태로 청년B를 향해 실감나게 호통을 친다. "너는 겁이 많잖아. 어리석고 게을러. 모든 걸 다 집어치우고 돌아가려는 마음을 먹은 게 어디 한두 번인가?" 그 문구를 고른 청년B는 언젠가 바로 그 말 때문에 주저앉아버린 경험이 있다. 그러므로

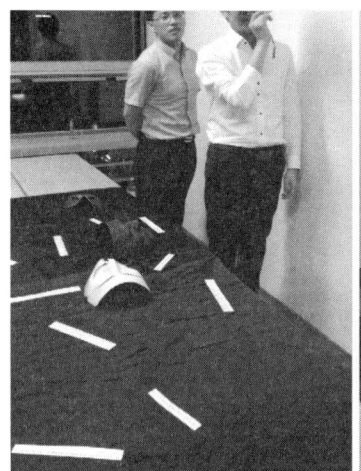

다섯째 고개: 우리는 이 결투를 피해갈 수 없다, 그러나…

그 상황이 다시 떠오르면서 감정의 격동을 느낀다. 그때 자신이 정말 하고 싶었던 말을 힘써 찾아내본다. 만일 자기 힘으로 찾아낼 수 없다면 옆에 있는 다른 친구들의 도움을 받는다. 재미있고 재치 있게, 그러나 단단하고 단호하게 어둠의 말에 대처하는 훈련을 해본다.

"맞아. 모두 사실이야. 네가 일일이 들춰내지 못한 일들도 수두룩해." "네놈의 지배를 받고 있는 동안은 그런 허물들이 날 단단히 사로잡았지." 《천로역정》에 나오는 크리스천의 대사들도 도움이 되었다. "나는 이미 그분께 내 삶을 드렸다." "나도 내가 미련하고 약하다는 것을 안다. 그러나 지금 내가 예배하는 그분께서 나를 용서해주셨어."

나의 목소리를 찾는 것이 중요하다. 이 세상의 아볼루온, 내 안에서 광분하는 아볼루온의 말에 맞서 싸울 수 있는 기상이 필요하다. 돈의 가면을 쓰고, 쾌락의 가면을 쓰고, 높은 지위의 가면을 쓰고 이 시대의 젊은이들을 겁박하는 세상에 당차게 저항할 수 있는 생생한 말(로고스)로 우리를 채워야 한다. 우리는 한참 웃고, 소리 치고, 즐거워했다. 그리고 아볼루온에게 굴복하지 않고 끝까지 '말씀'

으로 싸운 크리스천의 전투와 우리의 삶을 포개었다.

괴물 아볼루온은 불같이 화를 내며 거센 공격을 시작한다. "버릇없는 놈, 네놈의 영혼을 산산이 부숴버리겠어!" 반나절이 넘는 싸움이 지속되는 동안 크리스천은 점점 약해진다. 아볼루온은 거침없이 크리스천을 붙잡아 땅에 패대기친다. 이제 정말 죽는구나 생각하는 순간, 하나님이 주신 힘으로 크리스천은 다시 정신을 차리고 칼을 집어 들었다. 그는 외친다. "원수야, 내가 당하는 고난을 보고서, 미리 흐뭇해하지 마라. 나는 넘어져도 다시 일어난다!"(미가서 7:8) 그 말씀과 함께 크리스천은 아볼루온의 가슴을 깊이 찌른다. 마귀는 치명적인 부상을 입고 뒤로 나가떨어졌다가, 용의 날개를 퍼덕이며 날아가버린다. 크리스천은 상처투성이다. 그러나 이겨냈다.

우리는 결투를 피해갈 수 없다. 그러나 함께 싸우시는 분이 있다. 함께하는 사람들이 있다.

여섯째 고개

그의 목소리를
듣고 싶다

"꿈에서 보니, 그 뒤부터 두 사람은 어깨를 나란히 하고 함께 걸었다. 마치 형제처럼 서로를 아끼고 사랑했으며 여기까지 오면서 제각기 겪었던 일들을 나누느라 시간 가는 줄 몰랐다."(《천로역정》, 140쪽)

전투가 끝난 다음이 더 무섭다

아볼루온과의 전투가 끝났다. 죽느냐 사느냐를 가르는 치열한 혈투였다. 모든 것을 걸고 맞부딪쳐야 하는 숨 가쁜 결투였다. 삶이 이런 결투·전투·혈투처럼 느껴지는 때가 있다. 초긴장 상태에서 온몸으로 치받으며 살아내지 않으면 나락으로 떨어질 수밖에 없는 삶…. 그런데 더 무서운 시간은 그 전투가 끝나고 난 뒤에 찾아오는 경우가 종종 있다.

악마와의 일전을 마친 크리스천은 신중과 경건과 자선

아가씨가 챙겨준 빵과 포도주를 마시면서 잠시 숨을 돌린다. 전쟁 같은 삶의 한복판에서 잠시 벗어난 우리는 여유를 누리면서 지친 몸과 마음을 쉬게 하려고 한다. 외부의 강력한 적이 사라졌기 때문에, 외부의 압력과 강제가 사라졌기 때문에 이제 평화로움이 찾아올 것이라고 생각한다. 그러나 명확하게 눈에 보이는 외부의 원수가 사라진 뒤 더욱 무시무시한 공허함과 혼란스러움이 엄습한다. 《천로역정》은 밖의 싸움이 안의 싸움으로 전환되는 시간을 '공간'의 그림으로 표현해낸다.

'겸손의 골짜기'에서 아볼루온을 물리친 크리스천은 다시 길을 떠난다. 겸손의 골짜기를 벗어나자 '죽음의 그늘 골짜기'라는 다른 협곡이 나타난다. 그 좁은 골짜기의 왼쪽에는 깊은 물고랑이 나 있고, 오른쪽으로는 몹시 위험해 보이는 수렁이 길게 이어져 있다. 한 발짝만 잘못 디뎌도 끝장이다. 엄청난 불길과 연기가 쏟아져 나온다. 흉측한 소리가 고막을 찢을 것 같다. 아볼루온과 달라붙어 싸울 때 유용했던 무기는 아무 소용이 없다. 크리스천은 칼을 칼집에 꽂고 다른 무기를 꺼내는데 그 신무기의 이름은

'온갖 기도All-prayer'이다. 그런데 절망스러운 것은 그 무기를 이용하여 오래도록 간구해도 좌우의 어두운 위협의 목소리가 가시지 않는다는 사실이다.

크리스천에게, 우리에게 이보다 큰 절망이 있을까? 아무리 기도해도 달라지는 것이 없다는 절망…. 왼쪽과 오른쪽에서 들려오는 듣기 싫은 소리들은 이제 자기의 목소리처럼 들린다. 크리스천은 "제 목소리조차 가려내지 못하는 것" 같다. 자기 안에서 "하나님을 심각하게 모독하는 얘기"가 들려오는 것 같다. 이런 상황은 그 어떤 어려움보다도 심하게 우리를 뒤흔드는 괴로움이 된다.

앞서 간 이의 목소리를 들어라

큰 싸움을 마친 뒤의 시련, 큰 과제를 끝낸 뒤의 처절한 외로움과 공허함은 우리를 파괴적 충동에 빠뜨릴 수 있다. 인생의 중요한 성취를 이뤄낸 사람들이 그 성취 이후에 찾아오는 이런 공허함 때문에 치명적인 실수를 범하는 경우도 있다. 재일 한국인으로 도쿄대학 교수를 지낸 사회학자 강상중은 악의 문제를 붙잡고 고민하면서 "끝없는 허무, 속이 텅 빈 느낌"에 시달리는 인간의 모습과 대면한다. "살아 있다는 실감"이 거의 없는 "허무함을 메우기 위해 죽음의 충동으로 돌진하는" 인간은 자기 자신과 주변 사람들에게 끔찍한 악을 서슴지 않는다. 강상중은 말한다. "악은 다른 이들과의 관계가 단절된 가운데 자신의 자유로움을 지루하게 느끼는 피로움 속에 깃들기 때문"이라고. 그러면 어떻게 그 악, "허무에 빙의된" 악의 시간을 이겨낼 수 있을까? 그는 조심스럽게 어떤 가능성을 지시한다. "절망하면서도 함께 살아가려는 것은 인간에 대한 신뢰를 멈추지 않는다는 뜻입니다. 인간을 믿고 스스로를 세상의 일부라고 느낀다면 공생의 도덕을 실천하는 것 외에는 악이 번성히는 이 시대를 살아갈 방도가 없습니다."(강상중, 《악의 시대를 건너는 힘》 중에서).

'죽음의 그늘 골짜기'에서 끝나지 않을 것처럼 보이는 절망과 공허감에 시달리는 크리스천에게 어떤 목소리가 들려왔다. 누굴까? 아직은 그 얼굴을 알 수 없는 사람의 목소리는 너무나 친숙한 말씀 속에 실려 크리스천의 마음에 와 닿았다. "내가 비록 죽음의 그늘 골짜기로 다닐지라도, 주님께서 나와 함께 계시고 주님의 막대기와 지팡이로 나를 보살펴주시니, 내게는 두려움이 없습니다."

자기 혼자서는 도저히 돌파해나갈 수 없다고 여겨지는 이 골짜기를 걷고 있는 사람이 또 있었다. 그 사람의 목소리가 앞쪽에서 들려온다는 것은 지금 내가 겪고 있는 어둠을 그도 겪어냈다는 뜻이다. 다른 사람의 목소리를 듣고 떨 듯이 기쁜 크리스천! 이제 그는 앞으로, 앞으로 나아갈 힘을 얻었다. 그의 마음에는 희망이 생겨났다. 혼자가 아니라는 생각에 든든했다. 마침내 캄캄한 어둠을 뚫고 저쪽에서 햇살이 비쳐오는 것이 보였다. 그 빛을 본 뒤로는 그 어떤 것도 두렵지 않았다. 골짜기의 끝은 멀지 않았다. 그 목소리가 나를 이끌어주었기 때문이다. 신실한 친구, 함께 걷는 친구의 목소리!

내 삶에 가장 신실한 이의 목소리가…

여러분에게도 그런 신실한 사람이 있는가? 있을 수밖에 없다. 그런 목소리가 없었더라면 우리는 지금 이 자리에 존재할 수 없으리라! 똑같은 말이라도 누구의 목소리로 들려오느냐가 중요하다. 독일의 작가 미햐엘 엔데Michael Ende의 말처럼 "어떤 진리는 반드시 그 목소리로만 들려져야 한다." 기억을 더듬어보자. 우리에게도 정말 믿을 만한 사람이 있다. 우리가 허무에 빙의되어 꼼짝 못하고 있을 때, 우리를 거기서 끄집어내주는 목소리가 있다. 우리는 그 목소리에 기대어 허무에서 벗어난다. 그 목소리를 듣는 것을 얼마나 중요한가!

《천로역정》을 함께 읽고 있는 청년들에게 일주일 전에 과제를 내주었다. '나에게도 그런 목소리를 들려줄 수 있는 신실한 사람이 있는가? 그 사람에게 오랜만에 연락해보자. 그리고 뜬금없는 부탁일지 모르겠지만, 나를 위한 축복의 메시지를 녹음해서 그 녹음 파일을 보내달라고 하자.' 청년들은 과제를 성실하게 해가지고 왔다.

그날 모임을 위해서는 특별하게 공간을 꾸며보았다. 단아한 벤치. 파릇파릇한 생명의 기운을 전해주는 작은 나무 한 그루. 친구와의 추억을 떠올리게 해주는 예쁜 엽서들이 붙어 있는 하얀 벽. 도란도란 이야기를 나눌 수 있는 편안한 바닥. 그 벤치에 한 명씩 나와서 앉을 때마다 나

는 그 한 사람이 가져온 '신실한 목소리'를 들어주었다. 앰프와 연결해 모두에게. 하지만 특히 그 사람에게 울려나는 목소리는 그 자리에 있는 모두를 그 우정의 일부가 되도록 초대해주는 것 같았다.

어떤 청년은 자기가 믿고 따르는 선배의 음성을 공유했다. "진현이를 축복한다! 바울 사도의 고린도전서 서신을 통해 문안인사 전할게. 하나님의 뜻에 따라 그리스도 예수님의 사도로 부르심을 받은 나 현준과 믿음의 자매 선주는 창천에 있는 하나님의 교회와 그리스도 예수님 안에서 거룩함을 입어 성도가 되고 우리 주 예수 그리스도를 주님으로 믿고 그 이름을 부르는 진현이에게 하나님 우리 아버지와 주 예수 그리스도의 은혜와 평안이 함께하기를 기도합니다. 나는 그리스도 예수님을 통해 진현이에게 은혜를 주신 하나님께 늘 감사하고 있습니다. 이것은 진현이가 그리스도 예수 안에서 말과 지식을 포함하여 모든 일에 풍성한 복을 받았기 때문입니다. 그래서 진현이는 그리스도에 대하여 증거한 말씀을 모두 믿고 모든 영적인 축복을 누리면서 다시 오실 우리 주 예수 그리스도를 기다리고 있습니다. 그분은 재림하시는 날에 진현이가 흠 없는 자가 되도록 끝까지 지켜주실 것입니다. 진현이를 불러 그의 아들 예수 그리스도와 교제하게 하시는 하나님은 신실하신 분이십니다. 아멘."

또 다른 청년은 잔잔한 친구의 목소리를 함께 들을 수 있게 해주었다. "나의 소중한 친구야, 나는 신실하지도 지혜롭지도 않지만 나의 부족한 부분을 완벽하게 채워주시는 주님을 바라보고 기도하면서 너에게 이렇게 얘기를 해볼까 해. 내가 아는 너는 정말 신실하고 성숙하고 열정이 많은 사람이야. 덕분에 내가 왜 거기 있는지 몰라서 방황을 했던 대학원 생활 동안 너를 통해서 내 시선을 주님께 고정할 수 있었어. 주님의 빛을 비춰주고 나에게 신실한 이가 되어주어서 정말 고마워. […] 우리의 삶이든 가정이든 주변 사람의 삶이든 아무것도 걱정하지 말고 주님께 우리의 일분일초를 성실하게 제물로 올려드리는 그런 삶을 사는 것에 집중해서 살도록 하자. 특히 나에게는 너보다 더 어려운 일이겠지만 네가 있어서 정말 든든해. 내가 넘어지면 네가 일으켜 세워주고, 네가 넘어지면 내가 일으켜 세워주면서, 같이 나아가자. 앞으로도 너를 위해서 계속 기도할게."

이렇게 한 사람씩 돌아가면서 자기에게 신실한 사람의 목소리를 듣는다. 그냥 들을 때는 몰랐는데, 이렇게 벤치를 만들어놓고, 분위기를 잡아놓고 들으니까, 다르다. 더 가슴에 다가온다. 뭉클하다. 눈물이 난다. 고맙다. 듣는 모두에게도 두 사람의 신실한 우정이 생생하게 다가온다. 감동적인 시간이었다.

여섯째 고개: 그의 목소리를 듣고 싶다

이런 친구가 있다면 세상의 유혹 더 거뜬히 물리칠 수 있을 것 같지 않은가? 그 친구로부터 이따금 신실한 목소리를 들을 수 있다면, 우리의 삶이 허무의 허구렁에서 벗어날 수 있지 않을까?

나는 기도한다. "주님, 우리 시대의 젊은이들이 교회 공동체 안에서 이런 신실한 믿음의 친구를 만나게 해주십시오. 꼭 만나게 해주십시오. 좌우에서 안팎에서 두려움과 절망의 소리만 들으면서 공허함에 빠져버리는 청년들이 다른 목소리를 들을 수 있게 해주십시오. 앞서서 가고 있는 신실한 사람의 목소리를 들으며 살아가게 해주십시오."

일곱째 고개

허망 시장에서 벗어나라!

"[순례자들이] 허망시를 지나간다는 걸 알게 된 바알세붑과 아볼루온, 군대마귀는 졸개들과 더불어 음모를 꾸미고 1년365일 쉬지 않고 온갖 쓸데없는 상품을 사고파는 장을 열었다. 집, 땅, 직업, 위치, 명예, 계급, 직함, 마을, 왕국, 정욕, 쾌락…."(《천로역정》, 179쪽)

슬프고 피곤한 삶을 위로하는 노래

청년들과 함께 《천로역정》을 읽으면서, 그렇게 우리 삶을 '순례'의 길로 인식하고 서로 그 길을 격려하는 마음을 새롭게 하면서, 문득 떠오른 '옛' 복음성가 한 곡이 있다. 지금은 거의 부르지 않는 복음성가의 제목은 "순례자의 노래"(저 멀리 뵈는 나의 시온 성)이다. 참 많이 불렀던 노래다. 그런데 최근에는 거의 불러본 기억이 없다. 청년들과 다시 한 번 불러보니, 멜로디가 심히 슬프고 처량하다. 작

사자와 작곡자가 다 알려지지 않은 이 곡에서 외로움마저 느껴진다. "저 망망한 바다", "빈들이나 사막"에서 몸이 상할 정도로 고생하며 걷고 있지만, 나의 이런 괴로움을 모두 주님께서 아신다고 고백하는 노래다.

노래가 없는 삶을 생각할 수 없다. 가장 지치고 힘든 순간에 그 노래를 들으며, 간신히 따라 부르며 울게 해주는 노래가 있다. 그 노래를 함께 부를 수 있는 공동체가 있는 삶과 그렇지 못한 삶은 큰 차이가 있다. 익히 알려진 노래 속으로 지금 내 삶의 절망을 내어놓는다. 혹시 그 노래에 스며있는 희망의 영을 내 삶의 이야기 속으로 들이마신다.

《천로역정》의 순례자는 죽음의 그늘 골짜기를 통과하면서 가장 기진맥진한 시간에 어떤 노랫소리를 듣고 기운을 차린다. 나만 혼자 이런 어려운 길을 걷는 줄로만 알았는데, 자기보다 앞서 이 길을 통과해간 순례자가 부르는 아련한 노랫소리를 들은 것이었다. 얼마나 걸었을까, 크리스천은 자기보다 앞서 가고 있던 '신실'이라는 순례자와 만나게 되었다. 크리스천과 신실은 많은 이야기를 나누고 함께 여행하면서 절친한 친구가 되었다.

다시 한 번 노래를 생각한다. 우리는 노래를 통해서 사람을 만난다. 사람을 통해 모르던 노래를 알게 되기도 한다. 그렇게 알게 된 노래는 그 사람이 없는 자리에서도 그 사람을 호출해낸다. 마치 그 사람의 얼굴을 보는 것 같은, 그 사람의 목소리를 가까이서 듣는 것 같은, 그 사람의 손을 잡는 것 같은 감격을 잠시 느끼게 해준다.

그런 의미에서, 청년들과 함께 부르고 싶은 복음성가가 있었다. 역시 이 복음성가도 요즘은 많이 부르지 않는 노래다. 미국 가스펠의 아버지로 알려진 토마스 앤드류 도르시Thomas Andrew Dorsey(1899~1993)가 지은 "Precious Lord, Take My Hand"(우리말 번역: "주님여 이 손을 꼭 잡고 가소서")이다. 오래전 내가 이 노래를 처음 불렀을 때도 멜로디가 너무 처진다는 생각을 했다. 요즘 젊은이들이 부르기에는 더 느리고 무거운 것 같기도 했다. 그러나 이 노래는 나에게 두 명의 위대한 순례자에 대한 기억을 되살린다. 우선 이 노래는 마틴 루터 킹Martin Luther King Jr. 목사님을 떠오르게 한다. 그는 흑인 인권운동을 위한 가두행진을 벌일 때 이 노래를 불렀다고 한다. 옥에 갇혀

서도 불렀다. 그의 장례식장에서도 사람들이 그를 추모하며 불렀던 노래였다. 하지만 거의 잊고 있던 이 노래를 다시 부르게 된 결정적인 계기가 있었다. 또 한 사람의 이름이 이 노래와 결부되었기 때문이다. 모교인 감리교신학대학교에서 오랫동안 존경했던 교수님, 또 상담자였던 '안석모' 교수님 덕분에, 그분이 암 투병의 고통 속에서도 쉬지 않고 써내려갔던 글 덕분에 또 한 번 감격스럽게 이 노래와 만나게 되었다. 안석모 교수님의 번역으로 그 노래를, 그 시를 읽어본다.

"사랑하는 주님여, 내 손 잡아 주소서.
나를 이끌어 주시고, 일어서게 하소서.
약하고 피곤하고 찢어진 이 몸을
폭풍우 흑암 속 헤치사
빛으로 인도하소서.
내 손을 잡고 집으로 인도하소서.

나의 앞길 음침해질 때에

사랑하는 주님여 내 곁에 머무소서.

내 생명이 얼마 남지 않은 때에

주님 찾는 소리, 나의 외침을 들으소서.

내가 넘어지지 않도록 잡아 주소서.

내 손을 잡고 집으로 인도하소서.

어둠이 닥치고 밤이 다가와

낮이 끝나고 사라져 버렸을 때

강가에 내가 서오니

내 발을 인도하시고, 내 손을 잡아 주소서.

내 손을 잡고 집으로 인도하소서.

사랑하는 주님여."

마틴 루터 킹 목사님의 행진, 안석모 교수님의 목회와 가르침…. 그리고 오늘을 살아가는 청년들과 나의 걸음을 지켜주시고 인도하시는 한 손에 대한 그리움이 복받쳐 오르는 노래다. 《천로역정》을 읽는 내내 이 복음성가가 입가에 맴돌았다.

우리의 대화가 허풍이 되지 않으려면?

멀리서 들려오는 노래로 연결되어 있던 두 사람, 크리스천과 신실Faithful이 마침내 만나 서로를 격려하며 걸을 수 있게 됐다. 이 만남으로 크리스천의 순례는 또 새로운 국면을 맞이하게 됐다. "그 뒤부터 두 사람을 어깨를 나란히 하고 함께 걸었다. 마치 형제처럼 서로를 아끼고 사랑했으며 여기까지 오면서 제각기 겪었던 일들을 나누느라 시간 가는 줄 몰랐다." 주님께서 허락하신 만남의 기쁨 속에서 나누는 두 사람의 수다를 읽고 있노라니, 우리는 얼마나 진실한 대화가 고픈 사람인지를 다시 한 번 확인하게 된다.

인간은 말하면서 자기를 만들어가는 존재다. 대화를 존재의 중요한 차원으로 파악한 교육 사상가 프레이리의 말을 종종 곱씹는다. "인간 존재는 침묵할 수도 없고, 거짓된 말로 살아갈 수도 없다. 오직 참된 말로만 인간은 세계를 변화시킨다. […] 대화는 단지 한 사람의 생각을 다른 사람에게 '맡기는' 식으로 진행되어서는 안 된다. 또한 대화는 단순히 생각을 교환하여 그 생각이 토론자들 간에

'소비'되는 것이어서도 안 된다."(파울로 프레이리, 《페다고지》중에서) 프레이리는 성찰과 실천과 참된 말이 떼려야 뗄 수 없는 관계임을 간파하고, 참된 말을 하는 것이 곧 일이며 세계를 변화시키는 것이라고 말한다.

《천로역정》에서 크리스천과 신실이 나누는 대화는 어떤 대화인가? 또 오늘날 교회에서 나누는 대화는 어떤 대화인가? 요즘 나는 어떤 대화를 나누면서 살아가고 있는가? 우리의 마주 이야기[對話]가 참된 이야기가 되지 못하도록 만드는 것은 무엇인가?

《천로역정》에서는 믿음의 길을 걷는 두 사람의 대화 사이에 새로운 인물 하나를 끼워 넣는다. 그의 이름은 '허풍선Talkative'이다. 처음부터 그는 따듯하고 호감을 주는 태도로 믿음과 은혜에 대해 말한다. 입만 열면 '주님', 입만 열면 '영생'이다. 크리스천과 동행하던 '신실'도 그의 말에 깊이 매료된다. 그러나 다행스럽게도 크리스천은 그 '허풍선'의 정체를 꿰뚫어본다. '허풍선'은 '달변Say-Well'이라는 자의 아들로서 그가 사는 곳의 주소는 '주저리-가Prating Row'이다. 크리스천은 신실에게 '허풍선'의 정체를 이렇게 설명한다. "모든 게 그저 말뿐입니다. 신앙도 쉴 새 없이 주절거릴 때나 입에 올릴 겁니다. […] 기도와 회개, 믿음과 거듭남에 대해 온갖 얘기를 늘어놓지만 저 친구가 아는 건 그럴듯하게 말하는 법뿐입니다." 크리스천의 설명을 들은 '신실'은 그제야 '허풍선'의 말과 행동이 어긋나고 있음을 눈치 채게 된다. 결국 '신실'은 '허풍선'에게 질문의 형태로 그 문제를 집요하게 지적한다. "선생을 보면 말을 하고 싶어서 몸살이 난 것처럼 보이는데, 과연 그 말을 뒷받침할 무언가가 있는지, 아니면 그저 말이 전부인지 알고 싶어서요." 결국 '허풍선'은 화를 내며 크리스천과 '신실'의 곁을 떠나고 만다. 자신의 말이 먹히시 않는 것을 느끼고 불쾌함을 감추지 못한다.

나는 이 '허풍선'의 모습이 내 안에도 있음을 발견하게 된다. 말은 많이 하지만 그 말을 참되게 실천하는 삶의 무게가 없어서 속이 텅 빈 풍선처럼 둥둥 떠다니는 말들…. 꼭 필요한 말도 아니고, 진실한 말도 아니고, 삶으로 살아내지도 못하는 말을 수다스럽게 늘어놓는 것이 믿는 사람들의 '대화'일 수는 없다는 사실을 되새기게 된다. 이 '허풍선' 씨를 보면서….

허망 시장을 조심하라

저마다 빠지기 쉬운 함정이 있다. 《천로역정》을 읽으면서 거듭 확인하는 바지만, 아무런 어려움 없이 신앙의 길을 가는 것은 불가능하다. 광야 길을 다 마치고 도시 속으로 들어가는 크리스천과 신실을 만난 '전도자'는 이렇게 충고한다. "아무런 고통 없이 순례의 길을 갈 수 있기를 기대하지 마십시오. 이미 여러 가지 어려움을 견뎌낸 터라 잘 아시겠지만 얼마 지나지 않아 더 많은 고난과 마주할게 확실합니다." 사람들이 활기차게 생활하는 도시에 들어서기 전에 전도자가 들려준 말이다. '허망Vanity'이라는 이름의 도시를 앞두고 다시 한 번 전도자의 작고 단단한 메시지를 마음에 넣고 매만진다. "무엇이 됐든지 영원한 생명에 맞서는 것들이 여러분의 중심에 스며들지 않게 하십시오."

'허망' 동네에서 1년 내내 성황을 이루고 있는 '허망 시장Vanity Fair'에서 마음을 잘 지키기란 여간 어려운 일이 아니다. 순례자를 쇼핑객으로 전락시키는 시장은 평화롭다.

크리스천과 충직이
복음전도사를 다시 만나다.

허망 시장

매력적이다. 활력이 넘친다. 가장 일상적이고 익숙한 형태로 우리의 눈길을 끈다. 끝이 보이지 않을 만큼 길게 늘어선 시장에서는 무엇을 팔고 있는가? "지위, 직업, 명예, 계급, 직함"을 파는 곳이 있다. '내가 그래도 이런 사람인데!'라고 생각하면서 은근히 으스댈 수 있게 해주는 상품들이다. '아내, 남편, 아이들'과 같은 상품도 있다. 나의 허영심을 만족시켜줄 수 있는 가족 구성원을 갖고 싶은 욕심을 자극하는 상품들이다. 돈과 명예라는 상품 외에도 남들의 시선을 끌 수 있는 몸의 아름다움, 학벌, 지식과 같은 상품들도 날개 돋친 듯이 팔리고 있다.

이 부분을 함께 읽던 청년들은 적잖이 놀라고 당황스러워 했다. 나도 그 당황스러움을 공유했다. 그것은 오늘 우리의 삶이 (크리스천이라는 이름은 있다 하더라도) 허망 시장을 이리저리 돌아다니며, 나의 허영을 만족시켜줄 것들을 사기 위해 경쟁하는 삶이었다는 깨달음 때문이었다. '허망'이라는 말의 라틴어 바니타스Vanitas는 '허상, 아무것도 아닌 것, 헛된 것'이라는 뜻이 있다. 헛되고, 헛되고 헛된 것이라는 사실을 모르는지, 아니면 알면서도 별다른 저항 없이 살아가는지…. 한 친구는 자기가 허망 시장에서 사려고 하는 상품은 '자존심'인 것 같다고 고백했다. 사실 아무것도 아닌데 그것이 자기에게 없으면 바보가 된 것 같은 느낌이 들어서라는 것이다.

우리는 떨리는 마음으로 물었다. 허망 시장에서 지금 나의 시선을 끌고 있는 것은 무엇인가?

여덟째 고개

절망에게
결정권을 주지 마라!

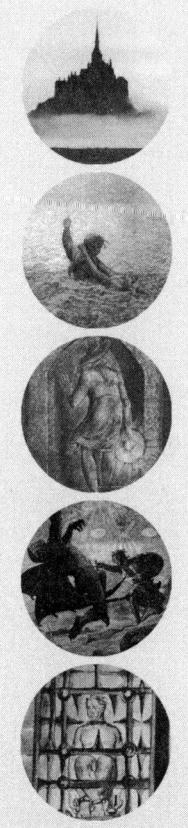

"가던 길을 벗어나고 나서야 알았네. 들어가지 말아야 할 곳을 딛는다는 게 무얼 의미하는지. 뒤를 따라오는 이들이여 조심하라. 우리처럼 무심코 실수를 저지르지 않도록. 함부로 들어갔다가 원수의 포로가 되지 않도록. 그의 성은 회의, 놈의 이름은 절망…."(《천로역정》, 235쪽)

무엇을 위한 '500주년' 인가?

종교개혁 500주년! 뭔가 있어 보인다. 500주년이라니, 대단한 것처럼 들린다. 그래야 한다! 개신교의 태동을 알리는 소리, 그 옛날 비텐베르크의 어느 성당에서 울려 퍼졌던 —혹은 그랬다고 알려진— 망치소리가 지금도 어디선가 들려와야 할 것 같다. 정말 그런가? '제2의' 종교개혁이 필요하다고 목청을 돋우는 분들도 있다. 나는 조금 섬뜩하다. '제1의' 종교개혁으로 인해 얼마나 많은 사람이, 얼마나 많은 피를 흘렸는지를 생각하면 ―아는가, 독일 농민전쟁? 30년 전쟁?― 누구나 섬뜩해질 것이다. 또 종교개혁 500주년을 기념하기 위해 '기념주화'를 만들어서 판매한다는 소식을 들었다. 나는 매우 섬뜩하다. "동전이 상자에 딸랑거리며 떨어지면 그 즉시 영혼은 천국에 올라간다!"라고 외치며 면벌부免罰符를 팔던 요한 테첼Johann Tetzel(1460~1519)이 떠올라서다. 모두가 그런 느낌이 드는 건 물론 아니겠지만….

또 하나 유감스러운 것이 있다. 특정 연도, 특정 일자, 특정 장소, 특정 인물에 대한 개념은 그 '특정'한 것의 앞뒤, 좌우에 있는 수많은 '불특정'의 땀과 노력에 거의 관심을 기울이지 않는다는 것이다. 1517년! 10월 31일! 비텐베르크! 오, 마르틴 루터! 중·고등학교 세계사 시간에 배우는 수준의 단편적 정보는 '500주년'이라는 거창함을 입고 무한 반복된다. 한 명의 위대한 영웅에 의해서, 오백 년 전의 절묘한 시점에 마치 불꽃처럼 타올라 유럽을 완전히 변화시킨 개혁의 횃불을 떠올린다. 그리고 그런 역사적인 개혁 사건이 오늘 우리 사회, 우리 교회에도 일어나기를 간절히 기도한다. 하지만 그런 일은 일어나지 않을 것이다. 500년 전에도 우리가 흔히 생각하는 수준의 '그런' 일은 일어나지 않았기 때문이다.

책은, 쓰고 읽는 사람만 있는 것이 아니다

1517년 전후로 눈에 띄는 변화가 있었다. 여러 가지 변화 중 하나가 인쇄물의 보급이다. 아직 문맹률이 높았지만, 과거에 비해 엄청나게 많은 양의 인쇄물이 쏟아져 나왔다. 독일의 경우는 높은 분들이나 읽고 쓸 수 있는 어려운 라틴어가 아니라 보통 사람의 언어인 독일어로 된 인쇄물이 보급·파급되었다. 한편 신생 대학도시 비텐베르크만이 아니라 유럽의 여러 도시에서 고전古典을 제대로 읽고 이해하려는 노력이 일어났다. 치열한 책 읽기를 통해, 전통과 관습에 의문을 제기하는 사람들이 생겨났다. 이런 변화의 물결 속에서 막강한 글쟁이들이 나타났다. 젊은, 그러나 짱짱한 실력의 학자, 아우구스티노회 수도사 루터도 그 가운데 한 사람이었다.

　루터의 글을 읽고 그의 생각을 추종하는 사람들이 점점

늘어났다. 1519년, 루터는 ―95개조 반박문을 쓰기 이전에!― 결정적으로 중요한 책들의 저자가 되어 있었다. 대표적인 소책자는 《평범한 민중을 위한 주기도 독일어 해설》이었다. 1519년 4월에 인쇄되어 11판版을 찍었다. 그리스도의 고난을 묵상하는 법을 가르치는 소책자도 21판版이나 찍었고, 죽음을 준비하는 법을 가르치는 소책자도 16판版을 찍었다. 성례전에 관한 독일어 소책자는 1519년에만 150판版을 찍었다. 이듬해에는 25만부나 팔렸다는 주장도 있다. 일부러 '판版' 자를 강조했다. 글쟁이들이 쓴 책을 종이에 찍어낸 사람들이 있었다는 사실을 상기하기 위해서다. 조판組版하고 인쇄印刷하고 제본製本하여 책을 지어내는 사람들이 있었다. 그것을 기억해야 한다. 책은, 쓰는 사람과 읽는 사람만 있는 것이 아니다. 그 사이에서 책의 꼴을 만드는 사람들이 중요한 역할을 한다. 지금 이 지면을 읽고 있는 여러분에게도 부탁한다. 이런 인쇄물을 만든 사람들의 수고를 기억하자.

1519년 말 루터의 소책자는 비텐베르크, 라이프치히, 뉘른베르크, 바젤, 아우구스부르크, 에르푸르트 등에서 인쇄되었다. 라이프치히의 인쇄업자 멜키오르 로터Melchior Lotther도 이런 변화에 일조했다. 루터는 라이프치히 논쟁 기간에 그와 함께 숙식하기도 했다. 두 사람은 비텐베르크에 또 다른 인쇄소를 차리면 좋겠다는 얘기를 나누었던 것 같다. 로터는 결국 비텐베르크에 새 작업장을 열고 그것을 아들인 미햐엘과 멜키오르(Jr.)에게 맡겼다. 그들의 열정적인 노동 덕분에 루터의 목소리에는 점점 힘이 실렸다. 루터의 독자들, 루터의 팬들이 생겨났다. 나는 굳이 그 장인匠人 가족의 묵묵한 노동을 기억하고 싶은 것이다. 독일의 종교개혁만이 아니다. 스위스 취리히 개혁운동의 극단적인 사례인 '소시지 시식 사건'도 인쇄업자인 크리스토프 프로쉬아우어Christopf Froschauer의 집에서 일어났다. 책을 만드는 사람들은 책을 쓰는 사람들과 함께 종교개혁의 '눈에 보이지 않는' 전선을 구축했다. 불특정 다수의 사람들은 그들의 노력에 '열렬한 독서'로 화답했다.

종교개혁 500주년! 그러나 너무나 책을 읽지 않아서 출판사들은 재정난에 허덕이고, 서점들은 문을 닫고, 힘겹게 책을 짓고 나르고 영업하고, 너무 안 읽힌 채 방치되어 있는 책들은 다시 거둬들이고, 폐기처분되는 책들을 보며 안타까워하고…. 그렇게 책과 함께 살아가는 사람들의 노고를 애써 기억하며 감사하고 싶다. 그것이 굳이 올해, 내가 하고 싶은 일이다.

청년들, 출판사와 사귀다

가능하면 청년들과 책을 읽고, 가능하면 청년들과 그 책을 만드는 출판사를 방문한다. 우리나라의 모든 성경을 번역, 제작, 인쇄, 판매하는 〈대한성서공회〉의 〈성서전시실〉(경기도 용인 기흥) 방문은 모든 크리스천 청년에게 강력 추천하고 싶은 일이다. 그곳에서는 루터의 수많은 책들, 무엇보다 보통 사람들도 읽을 수 있게 독일어로 번역된 성경을 찍어낸 나무인쇄기를 만날 수 있다. 포도 열매를 넣고 눌러 포도즙을 만들던 기계가 활자를 눌러 책을 만드는 기계가 되었다. 한 장 한 장을 억센 힘으로 꾹 눌러 찍어내는 인쇄노동자들의 모습을 떠올려본다. 그리고 종교개혁이, 아니 우리의 믿음이 이런 노동과 얼마나 깊게 맞물려 있는지를 되새기기 된다.

　《천로역정》을 함께 읽는 청년들과도 그 책을 펴낸 출판사 방문 프로그램을 추진했다. 미리 출판사에 연락하여 편집자와 시간 약속을 잡았다. 번역자와의 만남도 가능해졌다. 청년들은 자신들의 읽은 책을 낳기 위해 애쓴 사람들과 직접 만나서 책 이야기를 나눌 수 있었다. 청년들이 독서하면서 느낀 감동을 나누어주었을 때, 편집자도 번역자도 눈을 빛내며 경청했다. 자신의 노력이 이렇게 보람 있는 일이었음을 느끼는 순간, 인간은 강해진다. 어지간한 고생은 기꺼이 감내할 수 있는 힘을 얻는다. 혹독한 시련에도 무너지지 않을 용기를 얻는다. 우리 시대, 책을 만드는 이들에게 필요한 것이다. 그것만은 아니겠지만….

창천교회 청년들과 함께. 대한성서공회 〈성서전시실〉 구텐베르크식 인쇄기

절망 거인의 손아귀에서 벗어나라!

힘들고 괴로운 상황은 언제나 우리 곁에 있다. 이 고비만 넘기면, 여기만 벗어나면 편안한 길이 나올 것 같지만, 사실 그런 희망으로 현실을 견딜 때도 있지만, 그런 기대가 우리를 배신하는 경우는 적지 않다.《천로역정》의 순례자들도 마찬가지였다.

"조금만이라도 편편한 길을 만났으면 좋겠다는 마음"이 화근이었다. 두 사람('크리스천'과 '소망')은 저 앞쪽에 보이는 '곁길 초원'으로 들어갔다. 그 방향으로 가는 다른 사람도 있었다. 그의 이름은 '헛 자신감Vain-Confidence'이었다. 편하고 쉬워 보이는 '곁길', 그리고 거기서 아무 문제 없으리라는 '헛된 자신감'은 우리를 어디로 이끄는가?《천로역정》은 결국 그 종착지가 '절망 거인Giant Despair'이 다스리는 '의심의 성Doubting Castle'이라고 가르쳐준다. 지금까지 온갖 고비를 잘 넘겨왔는데 한 방에 훅~ 가버리는 거다. '절망'은 두 순례자를 아귀세게 틀어쥐고 의심의 성까지 질질 끌고 갔다. 고약한 냄새가 진동하는 지하 감옥에서 아무것도 먹지 못한 채 거인의 몽둥이질을 당했다. 몸을 가누지 못할 정도로 두들겨 맞은 두 사람에게 거인은 '차라리 스스로 목숨을 끊으라'고 윽박질렀다. 가장 처참한 밑바닥이었다.

의미심장하지 않은가? 편안함을 추구하는 마음은 우리를 '곁길'로 이끈다. 거기서 '헛된 자신감'도 느낀다. 그러다 졸지에 '절망'에 붙잡혀 '의심'에 갇히면, 아무리 젊은 사람이라도 죽음의 음습한 기운을 떨쳐내지 못한다. 이렇게 비참하게 사느니 차라리 이 세상에서 없어져버리는 것이 낫다고 생각한다. 끔찍한 자책감이 그 절망과 의심을 더욱 강하게 만들어준다.

'크리스천'은 포기했다. 넋이 나갈 정도로 매일 구타를 당하는 상황 속에서 더는 견딜힘이 없었다. 그러나 크리스천보다 몸이 훨씬 부실했던 '소망'은 끝까지 자살의 유혹에 버티면서 크리스천을 격려했다. 아무것도 의지할 것 없는 두 사람이 최후의 기도를 드리고 있는데, 아침 여명이 밝아옴과 동시에 크리스천에게 불현듯 찾아온 깨달음이 있었으니, 그것은 자신의 몸에 '언약의 열쇠'가 있었다는 사실이었다. 항상 몸 안에 지니고 있었으나 '절망'의 몽둥이찜질 때문에 그 사실을 까맣게 잊고 있었던 것이다. 두 사람은 그 열쇠로 절망 감옥의 문을 열고 온 힘을 다해 도망쳤다. 뒤도 돌아보지 않고!

절망에게 결정권을 주지 말자!

절망에게 속절없이 당하고 있을 때, 그래서 모든 것을 포기하고 싶은 순간에 '소망'은 이렇게 외쳤다. "이 상황이 어떻게 매듭지어질지 결정하는 건 절망 거인이 아닙니다."

〈포이에마〉 출판사에서 《천로역정》의 번역자 최종훈 선생님과 함께

그 부분을 읽으면서 어느 청년이 이렇게 말했다. "절망에게 결정권을 주지 말자!" 누구나 절망의 포로가 될 때가 있다. 중요한 것은 그 절망이 우리의 인생을 완전히 결정할 수 없다는 사실을 끝끝내 기억하는 것이다.

위대한 종교개혁자들도 극심한 절망에 사로잡힐 때가 많았다. 마르틴 루터도, 그의 친구 필립 멜란히톤도 절망감과 우울증에 시달릴 때가 자주 있었다. 참된 길을 걷고자 하는 그들의 수고가 물거품이 될지도 모른다는 불안감에 휩싸일 때도 있었다. 그런 한숨과 탄식을, 그들은 서로에게 보내는 편지로 털어놓았다. 아무리 힘들어도 결코 꺾이지 않겠다, 원수에게 무릎을 꿇지 않겠다는 의지를 꾹꾹 눌러 책을 썼다. 함께 모여 성경을 번역했다. 그 '거룩한 책' 안에 '언약의 열쇠'가 있음을 믿고, 손이 덜덜 떨릴 정도로 고단한 상황 속에서도 쓰고 고치고 나눠 읽었다. 그것이 종교개혁자들, 그리고 그들과 함께 더듬더듬 길을 찾아 걸으며 기꺼이 '저항하는 사람'(프로테스탄트)들이 절망에게 결정권을 주지 않는 방식이었다.

"집어라, 읽어라!" 그리고 기억하라. 쓰는 사람, 편집하는 사람, 찍어내는 사람, 나르는 사람, 읽는 사람들의 견결한 연대가 엄청난 변화를 일으킬 수 있다는 사실을! 한 사람도 외면당해서는 안 된다는 사실을!

아홉째 고개

나는 믿는다, 고로 걷는다!

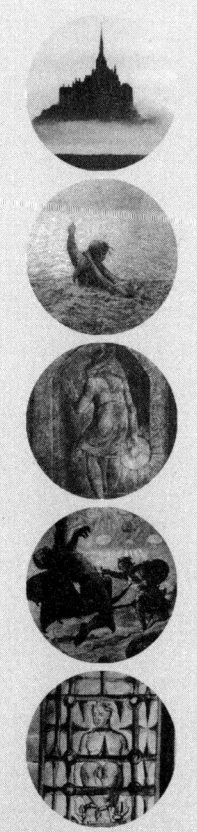

"잠을 깨는 데는 유익한 이야기를 나누는 것이 으뜸이지!" 크리스천이 동행하는 소망에게 말했다. 두 사람은 이상한 마을 어귀에 들어서자마자 온 몸이 나른해지면서 잠깐이라도 잠을 자고 싶은 유혹에 시달리고 있었다. 그러나 그곳에서 잠에 빠지면 안 된다는 경고를 떠올렸다. 자, 어떻게 이 졸음을 쫓을 것인가? 그냥 걷기만 할 것이 아니라 좋은 이야기를 나누면서 자극을 주고받기로 의기투합했다. 크리스천은 흥에 겨워 노래했다. "성도들이 꼬박꼬박 졸거든, 이리 보내시길 / 그리고 두 순례자가 입 모아 하는 소리를 듣게 하시길. / 그들에게서 어떻게든 교훈을 얻어 / 나른하게 감기는 두 눈을 번쩍 뜨게 하시길. / 잘만 이뤄진다면, 성도의 교제는 / 지옥 한복판에서도 깨어 있게 하는 법." (《천로역정》, 267-268쪽)

도대체 믿는다는 것은 무엇인가?

나는 이 시대의 청년들에게 이런 '대화'의 복을 빌어주고 싶다. 함께 길을 걸어가는 사람들과 서로의 이야기에 귀 기울이며 대화할 수 있는 복 말이다. 지옥과 같은 세상 한복판에서도 우리의 정신을 깨어 있게 해주는 그런 깊은 '교제'의 복! 청년들의 삶이, 그리고 나의 삶이 혼잣말 속에서 흩어져버리는 삶이 아니라, 늘 대화하며 아우러지는 인생이 되기를 바란다. 마주보고 이야기는 나누지만 누군

가를 깎아내리는 말, 자기를 내세우는 말, 하나마나 한 말이 대부분이라면 그건 좋은 대화가 아니리라. 하지만 정말 중요한 인생의 질문 앞에서 함께 온 존재로 나누는 대화는 우리의 삶에 큰 도움이 된다.

1931년 독일의 한 젊은이가 미국을 방문했다. 거기서 만난 프랑스 청년과 우연히 대화를 나누게 되었다. 그 후로 13년이라는 시간이 흘렀다. 1944년 7월, 그 독일 청년은 베를린의 테겔 형무소에 수감된 상태였다. 30대의 젊은 신학자 디트리히 본회퍼는 그곳에서 친구 에버하르트 베트게에게 보낸 옥중편지에서 13년 전의 대화를 생생하게 회상했다. "13년 전 미국에 있을 때 프랑스 출신의 한 젊은 목사와 나눈 대화가 떠오르는군. 우리는 서로 이런 물음을 던졌다네. '우리는 어떤 삶을 살기 원하는가?' 그는 이렇게 대답했지. '나는 성인聖人, saint이 되고 싶어.' 그 당시 나는 그의 대답에 깊은 인상을 받았네. 하지만 나는 그에게 반대하면서 이렇게 말했네. '나는 믿는다는 것이 무엇인지 배우고 싶다네.'"(디트리히 본회퍼, 《옥중서신》, 348-349쪽) 나치 정권에 저항하여 히틀러 암살 계획을

인생의 질문 앞에서 함께 나누는 대화는 큰 도움이 된다.

추진하다 체포되어 형무소 생활을 하면서도 믿음이 무엇인지 끝까지 배우고자 했던 사람, 서른여덟의 디트리히 본회퍼는 이듬해 4월, 나치 독일의 즉결재판 후 교수형으로 생을 마감했다. 결코 성인이 되고 싶지 않았던 한 청년, 사랑하는 약혼녀를 남겨놓고 형장의 이슬로 사라진 청년 본회퍼는 지금도 믿음을 진지하게 생각하며 실천하려고 애쓰는 모든 젊은 그리스도인의 가슴을 뜨겁게 하고 있다. 젊은 날 그의 고민은 모든 젊은 그리스도인의 고민이 되어 다가온다. "믿는다는 것이 무엇인지 배우고 싶다."

온 우주가 나서서 도와줘도 할 수 없는 것

《천로역정》의 길 위에서 크리스천과 소망의 대화가 깊어졌다. 소망은 꿈에서 만난 예수님께 이렇게 물었단다. "믿는다는 게 도대체 뭔가요?" 소망의 물음은 본회퍼의 물음과 겹쳐진다. 그리고 오늘 이 땅에서 살아가고 있는 청년들의 마음 깊은 곳에 있는 질문과도 포개진다. 꿈속에서 소망은 주님 앞에서 자신이 깨달은 바를 이렇게 털어놓았다. "믿는다는 것과 그분께 나온다는 것이 같은 뜻이라는 깨달음이 들었어요. 한 마디로, 예수님께 나오는 이, 그리스도께서 구원해주심을 바라고 온 마음을 다해 달려 나오는 이들이 바로 주님을 믿는 이라는 거죠. 눈물이 왈칵 쏟아지더군요."(《천로역정》, 277쪽)

소망은 또 이렇게 말했다. "그리스도의 의로우심에 힘입지 않으면 온 세상이 다 힘을 합쳐도 날 구원할 수 없을 것 같았어요." 그렇다. 어느 권력자는 자신이 권좌에 앉아 있는 동안 어설프게 누군가의 말을 인용하여 "정말 간절하게 원하면 전 우주가 나서서 다 같이 도와준다" 했다. 그러나 온 우주가 나서서 도와줘도 안 되는 것이 있다. 그걸 알아야 한다. 소망은 자신을 믿음의 세계로 인도해준 '신실 형제'를 떠올렸다. 그리고 그가 가르쳐준 기도를 떠올랐다. "하나님은 자비로우신 분이시고 예수 그리스도를 보내어 세상의 구세주가 되게 하셨으며 더 나아가 저처럼 불쌍한 죄인을 위해 외아들을 아낌없이 내어주셨음을 듣고 배웠습니다. 저는 정말 죄인입니다. 주님, 이렇게 찾아왔으니, 은혜를 베푸셔서 내 영혼을 구해주십시오. 독생자 예수 그리스도의 이름으로 기도합니다. 아멘."(275쪽)

나는 이 부분을 읽으면서 〈예수 기도〉라고 알려져 있는 짧은 기도문을 청년들에게 소개해주었다. "주 예수 그리스도, 하나님의 아들이시여, 자비를 베푸소서. 저는 죄인입니다Lord Jesus Christ, Son of God, have mercy on me, a sinner." 1880년대 후반, 러시아의 한 시골 청년이 쓴 책에서 '쉬지 않고 기도하는' 삶의 방법으로 이 기도가 소개되었다. 역시 순례의 삶을 살았던 이 청년도 큰 스승을 만나 이 기도를 (혹은 그보다 짧은 형태인 "주여, 자비를 베푸소서"를) 하루에도 수천 번 반복함으로써 하나님과의 깊은 사귐을 체험하게 되었다.

기도를 한다고 하지만 온갖 욕망에 이끌려 기도하고, 안팎의 소음에 이리저리 끌려 다니며 마음을 집중하지 못하는 현대인에게 이 단순한 기도는 큰 도움이 된다. 크게 목소리를 내지 않아도 좋다. 마음을 가라앉히고 나의 입술을 그 기도문에 적응시킨다. 기도가 내 입술을 움직일 때까지! 결국 그 기도가 나의 심장에 가닿고, 그분의 목소리가 있는 곳으로 인도할 때까지!

우리가 뒷걸음질 치는 이유

이제 크리스천과 소망의 《천로역정》은 점점 그 목표점에 가까이 다가서고 있었다. 그런데 거의 막바지에서 두 사람의 마음을 어지럽히는 한 사람과 만나게 되었다. 그는 '무지Ignorance'라는 젊은이였다. 그는 "선량한 생각과 계획"을 가진 사람이었다. "신앙적인 의무를 다하려" 노력하는 삶을 살고 있었다. 그러나 그의 결정적인 문제는 자신의 존재 자체, 혹은 자신의 본 모습을 직시하지 않는다는 것이었다. 자신의 존재가 죄로 물들어 있음을 보지 못하고, 어찌어찌 선한 행동으로 구원을 얻으려는 얄팍한 계산만 있었다. 자신의 힘으로는 그 어떤 선도 행할 수 없다는 사실을 제대로 알지 못하는 '무지'가 치명적인 문제였다.

크리스천과 소망의 대화는 '무지'와 비슷한 성향을 가진 사람들에 대한 토론으로 이어졌다. 한때 신앙이 돈독했으나 그것이 지속되지 못한 '잠시Temporary'라는 사람, 그와 이웃해서 살고 있던 '원위치Turnback'라는 사람, 결국 그들에게 접근하여 완전히 잘못된 길로 이끌어간 '자력구원Self-Save'이라는 사람들이 있었다. 그런 성향을 가진 사람들의 특징은 '뒷걸음질'이었다. 다 와 놓고서도 뒷걸음질이다. 목표가 바로 앞에 있는데 그 목표에 이르지 못하고 주춤거리는 것이다.

소망은 그 이유를 네 가지로 정리했다. 첫째, 양심은 있어서 불편함을 느끼지만 마음이 변하지 않았기 때문이다. 지옥의 고통이 두려워서 하늘나라를 갈망했을 뿐 진정한 구원에 대한 열망이 없다. 둘째, 사람을 두려워하는 마음이 크다. 세상의 기준에 맞춰 이른바 '현명하게' 처신하려는 것이다. 셋째, 진실한 신앙을 가지는 걸 부끄러워한다. 마지막으로 스스로의 비참한 처지를 자각할 때 부딪히는 죄책감과 공포를 부담스럽고 괴롭게만 느낄 뿐 그리스도께 달려가 도우심을 구하지 않는다는 것이다. 크리스천도 소망의 이야기에 크게 공감했다. 결국 그렇게 뒷걸음질 치는 사람들은 자신의 죄의 실존을 돌아보며 기도하는 것도 소홀히 하게 되고, 건강하고 따뜻한 크리스천 공동체에 대해서도 냉담해진다. 교회와 크리스천에 대해 비판하는 데는 열을 올리지만 자신의 허물은 쉽게 합리화한다. 그렇게 스스로를 속이면서 참된 길에서 서서히 멀어진다.

몸을 끌고 걷고 함께 이야기하면서 걷는 길

그래서 〈예수 기도〉의 마지막 한 낱말, "죄인 a sinner"이라는 말을 생각해본다. 많은 이들이 지금 우리가 살고 있는 시대를 '각자도생各自圖生'의 시대라고 부르고 있다. 혼자, 스스로, 자기의 생존을 위해 경쟁하는 시대다. 전쟁과도 같은 일상의 시대다. 이런 시대 청년들의 삶을 다룬 어느 신문 기사를 읽은 적이 있는데, 그 제목이 인상적이었다. "혼자는 외롭고, 함께는 무섭다!" 너무 정확해서, 아프게 다가오는 제목이었다. 그렇게 외로움과 두려움에 포박당

한 젊음들은 믿음의 길에서도 뒷걸음질 치며 자기 안으로만 유폐되고 있다. 종교개혁자 마르틴 루터는 믿음을 포기한 사람의 모습, 그래서 죄인으로 살아가는 사람의 모습을 "자기 속으로 구부러진 인간homo incurvatus in se"이라 했다. 절묘한 표현이다. 이 세상에서 자기 스스로의 힘으로, 자기만의 안전을 얻어내려는 시도는 우리를 "자기 속으로 구부러진 존재"로 만든다. 전쟁과 같은 세상, '각자도생'에 적합한 인간으로 만든다. 아닌가?

그런 나에게서 탈출하는 것이 중요하다. 자꾸만 우두커니 혼자 생각하는 것에 익숙해진 우리를 벗어나야 한다. 그래서 "몸을 끌고" 밖으로 나와야 한다. 걸어야 한다. 함께 이야기할 수 있어야 한다. 우리는 어차피, 처음부터 "길의 사람들any that were of the Way"(사도행전 9장 2절)이다.

《천로역정》의 마지막 장, "마침내 새 예루살렘 성으로"를 앞두고 청년들과 함께 소풍을 추진했다. 몸을 끌고 걷고 함께 이야기하기 위해서였다. 부암동주민센터에서 조금 더 올라가 창의문彰義門 앞에서 모였다. 인왕산과 북악산이 만나는 곳에 위치한 그 문은 자하문紫霞門이라고도

우리는 어차피 길의 사람들이다 나는 걷는다, 고로 믿는다.

한다. 늦가을의 정취를 온몸으로 느끼며, 청년들과 함께 자줏빛[紫]의 아득함[霞] 속으로 걸었다. 그렇지, 천로역정 天路歷程은 원래 길을 걷는 것이었으니, 앉아서 책으로 만나는 시간에 더하여 이렇게 걷는 시간이 꼭 필요했으리라. 우리는 북악산 한편에 비밀스럽게, 너무나 아름답게 숨어 있는 그곳, 백사실 계곡 길을 선택했다. 이런 곳이 서울에 있다는 것이 믿겨지지 않는 한적한 계곡이었다. 서울 한

창천교회 청년들과 함께 걷다. 뒷걸음치지 않기 위하여!

복판에 자동차 소리도 들리지 않고, 다른 웬만한 소음도 들리지 않아, 가을바람의 낮고 깊은 목소리와 새들의 높고 가녀린 노래의 섬세한 아름다움에 새삼스레 감격한다.

천천히 걸으면서 《천로역정》의 한 장면을 그리고 있는 듯한 묘한 착각에 빠지기도 한다. 저절로 크리스천과 소망에 대한 이야기가 흘러나온다. 그렇게 깊이, 우리는 책을 읽었던 것이다. 그러나 이렇게 걸으면서 더 깊이, 우리는 삶을 읽을 수 있게 된다. '걸으면 해결된다!Solvitur Ambulando' 외치면서, 우리는 마침내, 새 예루-살렘(평화의 성읍)으로 들어가는 꿈으로 서서히 진입하고 있었다.

마지막 고개

꿈에서 깨어난 무지

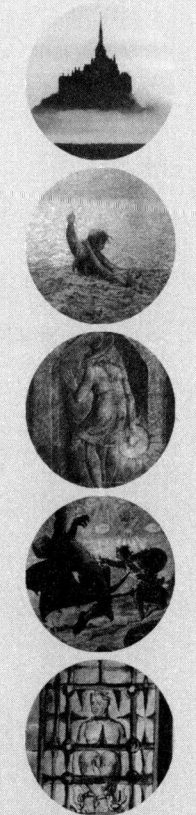

"그런데 한 줄기 강물이 성문으로 가는 길을 가로막았다. 강물은 깊고 건너갈 다리는 없었다. 순례자들은 강을 보며 할 말을 잃었다. 새로 일행이 된 남자들이 말했다. '새 예루살렘 성문으로 가자면 반드시 강을 건너야 합니다.'"(《천로역정》, 301쪽)

고통은 버려짐의 결과가 아니다

"끝날 때까지는 끝난 게 아니다It ain't over till it's over." 미국의 유명한 야구인 요기 베라Lawrence Peter 'Yogi' Berra(1925~2015)가 한 말이다. 이미 승부가 결정된 것처럼 보이는 경기였지만 갑자기 분위기가 바뀌고 아무도 결과를 예측할 수 없는 상황에서 탄식처럼 터져 나오는 말, "끝날 때까지 끝난 게 아니다." 경기를 치르고 있는 선수들만이 아니라 응원하는 팬들도 긴장을 놓지 못한다. 마지막 아웃 카운트를 잡아내고 수비 팀이 환호하든지, 끝내기 타점을 올리고 공격 팀이 환호하든지, 그 마지막 순간까지는 모두가 숨을 죽이고 경기에 빠져든다. 마침내 감격의 승리를 맛본 사람들은 오랜 시간이 지난 뒤에도 두고두고 그때의 명승부를 회상하면서 흐뭇한 미소를 짓는다.

여태껏 크리스천과 소망은 얼마나 큰 위기를 넘겼는가! 얼마나 험한 고비를 잘 넘겼는가! 이제 최종 목적지인 거룩한 성, 새 예루살렘이 한눈에 들어왔다. 그 성에 사는 주민들과 만나기도 했다. 빛나는 옷을 입은 천사들이 아무렇지도 않게 돌아다니는 걸 보았다. 정금으로 만든 새 예루살렘 성은 햇살을 받아 눈부시게 빛나고 있었다. 그런데 "끝날 때까지 끝난 게 아니"였다. 목직지기 한눈에 보이는 그곳에는 한 줄기 강물이 흐르고 있었다. 새 예루살렘 성문으로 들어가려면 반드시 건너야 하는 강이었다. 크리스천과 소망은 다른 선택이 없었기 때문에 일단 강으로 뛰어들었다. 그러나 강물은 생각보다 깊었다. 물살은 당황스러울 정도로 거셌다. 크리스천은 순식간에 자포자기의 상태가 됐다. 곁에서 소망이 줄기차게 격려하고 위로했지만 크리스천은 이미 제정신이 아니었다.

《천로역정》은 마지막 고비를 만나 힘겨워하는 크리스천의 모습을 실감나게 묘사하고 있다. 그 부분을 읽고 있으면 그가 섬망譫妄 증상을 보이고 있다는 생각도 든다. 그는 "입만 열면 두렵다는 말만 했다. 강물에서 헤어나지 못하고 죽음을 맞지는 않을까 잔뜩 겁에 질린 눈치였다. 순례에 나서기 전에, 그리고 여행 도중에 저지른 죄를 떠올리며 몹시 괴로워했다. 잡다한 귀신과 악령들에 시달리는 듯, 끊임없이 헛소리를 해댔다." 거의 다 온 것 같았는데 상황은 참담했다. 크리스천은 그 어느 때보다도 약한 모습을 보이며 무너져 내렸다. 그는 자신이 이렇게 괴로운 것은 주님이 자신을 "버려둔 채 떠나신" 증거라고 결론을 내렸다. 그만큼 절망적이었다.

　그런 크리스천을 곁에서 부축하며 나아가는 소망의 존재가 눈물겹다. 소망이 크리스천을 붙잡고 들려주는 말에서 눈물의 짠 내가 느껴진다. 소망은 흐느끼고 있다. 흐느끼며 호소하고 있다. "강물에 빠져 이처럼 고통과 괴로움을 당하고 있다는 사실이야말로 하나님이 형제님을 잊지 않으셨다는 증거가 아닙니까?" 선한 목표를 향해 최선의

경주를 다했지만 고통을 겪는 경우가 많다. 그때마다 우리는 하나님에게서 버림을 받은 것 같은 절망감에 시달린다. 믿음의 길을 만사형통의 길로 오해하고 있었기 때문이다. 실패와 좌절은 나약한 믿음 탓이라는 편협한 가르침에 오도되었기 때문이다. 우리는 소망의 목소리를 들어야 한다. 고통은 버려짐의 결과가 아니다. 고통은 버려짐 때문이 아니다.

너의 무지(無知)를 결박하라!

소망은 계속해서 크리스천을 격려했다. 물속에 완전히 빠져들었다가 반쯤 죽어 떠오르고 까무룩 정신을 잃은 크리스천에게 말을 걸어 깨우고 또 깨웠다. 정신을 차린 크리스천의 입에서 드디어 터져 나온 말은 "오, 주님이 다시 보여!"였다. 그거면 충분하다. 오직 그것만이 필요하다. 주님이 다시 보이고 물 아래 단단한 바닥이 느껴졌다. 마침내 강기슭에 도달한 크리스천과 소망은 마중 나온 천사들의 영접을 받았다. 두 사람을 그렇게도 힘들게 했던 강물 위로 뭔가가 떠내려가고 있었다. 두 사람에게서 벗겨진

육신의 옷, 썩어 없어질 육신의 옷이었다.

끝까지 결과를 알 수 없는 싸움을 거친 후 영광의 땅에 도착한 크리스천과 소망을 위해 장엄한 환영 잔치가 베풀어졌다. "험한 고통을 통과하여 빛나는 별에 도달하도다!per aspera ad astra"라고 했던가. 별빛은 찬란했다. 고통의 크기만큼, 딱 그만큼이었을 것이다.

이제 순례자의 천로역정은 해피엔딩으로 끝이 나면 끝나는 거다. 행복하고 가슴 뿌듯한 결론이다. 그런데 이 책은 참 짓궂다. 그걸로 끝내주지 않는다. 고진감래의 상투적인 결말에 잔뜩 고무되어 있든지, 아니면 살짝 시시해하고 있을 독자들의 시선을 다른 곳으로 이끌고 간다. 마치 거기에 저자가 하고 싶은 말이 있다는 듯이. 이제 카메라는, 아니 존 버니언의 펜은 마지막 장면을 묘사한다. 놀랍게도 그 대단원의 주인공은 '무지無知, Ignorance'라는 이름의 청년이다.

얼마 전에도 이 '무지'라는 청년은 크리스천 일행과 함께 걸으면서 한참 논쟁을 벌인 바 있었다(14장). 도대체 무엇을 모르는 청년이었나? 겉보기에 그는 선량한 젊은

이였다. 그의 마음에는 "선한 생각과 계획"이 가득하다고 했다. 그런 그가 모르는 것이 있었다. 그것은 자기 나름의 "선한 생각과 계획" 그리고 "신앙적인 의무를 다하려는 노력"으로는 결코 구원에 이를 수 없다는 사실이었다. 인간의 삶이 철저하게 그리스도의 의로우심에 기댈 수밖에 없다는 사실이었다. 무지가 이것을 알고 싶어 하지 않는 이유는 자신의 죄를 인정하고 싶지 않았기 때문이다. 자기 스스로도 자신의 삶을 그런 대로 선하게 이끌어갈 수 있다고 착각했기 때문이다. 존 버니언은 그것을 '완고한 무지 stubborn ignorance'라고 표현했다.

그런데 그 무지가 마지막에 등장한다. 크리스천과 소망은 죽음의 위험을 무릅쓰며 힘겹게 건넌 강을 무지는 아무런 어려움 없이 '헛꿈vain-hope' 뱃사공의 도움으로 건넜다. 그러나 이게 웬 일인가! 크리스천과 소망을 영접했던 두 천사가 무지를 단단히 결박했다. 그리고 그 완고한 젊은이를 붙잡고 하늘로 치솟아 오른 다음 지옥으로 내던져 버렸다. 당혹스럽게도 《천로역정》의 마지막 장면은 무지의 처절한 몰락이었다. 지옥으로 떨어지는 무지의 울부짖

음이 들리는 것 같다. 얄궂은 설정이지만 그 의도가 짐작된다. 적어도 이 마지막 부분을 읽으면서 독자인 나는 나 자신의 모습을 성찰하게 된다. 어쩌면 내가 바로 그 '무지'인지도 모른다고 생각한다. 나의 진짜 모습을 직시하려 하지 않는 무지다. 나의 선한 계획과 노력으로 내 삶을 꾸려나가려는 완고한 무지다. 그 무지를 단단히 결박하라. 그 무지함이 내 삶을 좌지우지하지 않도록 정신을 바짝 차려라. 안 그러면 내 삶 전체가 무지가 되어 저 꼴이 되지 않겠나?

"순간, 퍼뜩 잠에서 깼다. 모두가 한바탕 꿈이었다."

나의 '소망들'에게

"세상의 광야를 헤매다가 동굴이 있는 곳에 이르렀다. 거기서 하룻밤을 지내기로 하고 짐을 풀었다. 그러곤 깜박 잠이 들었는데 꿈을 꾸었다." 이렇게 시작된 《천로역정》은 한바탕 꿈이었다. 책을 펴면 다시 꿈 이야기가 시작되고, 책을 덮으면 꿈에서 깨어난다. 그러나 그 꿈과 꿈 사이에서 꿈결 같은 삶의 이야기가 이어지고 있다. 《천로역정》

은 우리의 삶을 위한 꿈 이야기이며, 우리의 삶을 제대로 깨워 일으키기 위한 꿈 이야기이다.

나는 그 꿈 이야기를 꿈 많은 청년들과 함께 읽었다. 때로는 재밌는 역할극을 하면서, 때로는 낭독을 하면서, 때로는 솔직하게 대화하면서, 때로는 걸으면서 우리는 모두 '순례자'라는 사실을 확인했다. 가끔은 우리 안에 있는 '무지', '절망 거인', '세속 현자'의 목소리를 자각하기도 했다. 우리가 살아가고 있는 곳이 거대한 '허영 시장'이라는 사실을 섬뜩하게 인정하기도 했다. 그러나 무엇보다도 서로에게 '신실' 혹은 '소망'이 되어주는 일이 얼마나 중요한지도 깨달았다. 그런 생생한 꿈은 잊히지 않는데. 꿈에서 깨어난 뒤에도 계속 그 여운 속에서 살아간다.

《천로역정》을 펴면 다시 그들의 얼굴이 떠오른다. 매번 그 얼굴들을 떠올리며 열 꼭지의 글을 썼다. 지금은 저마다의 '천로역정Pilgrim's Progress' 속에서 조금씩 앞으로 나아가고 있는 순례자들이다. 거룩한 새 예루살렘 성에 이르기까지 계속해서 꿈을 꾸고, 꿈에서 깨어나기를 반복하겠지만 험난한 현실보다도 더 생생한 꿈을 간직하고 살아가는 나의 '소망'들이다. 처음 그들을 《천로역정》의 세계로 초대할 때와 똑같이, 나는 존 버니언의 입을 빌려 이렇게 속삭인다. "잠들지 않은 채 꿈을 꾸고 싶은가? 환하게 웃으면서 동시에 눈물 흘리며 울고 싶은가? 넋을 잃었다가 악한 것에 사로잡히지 않고 무사히 돌아오고 싶은가? 책을 읽어나가는 동안, 한 장 한 장 그 뜻을 다 헤아리지 못할지라도, 자신을 살피며 과연 축복을 받은 백성인지 알아보고 싶지 않은가? 그렇다면 어서 오라, 이 책의 세계로!"

〈포이에마〉 출판사에서 《천로역정》의 번역자 최종훈 선생님과 함께

《천로역정》 줄거리

꿈속에서 한 남자가 등장한다. 그는 무거운 짐을 짊어지고 손에는 책 한 권을 들고 있다. 그는 몸을 덜덜 떨면서 두려워하고 있다. 책을 읽으면서, 자기가 살고 있는 도시가 심판을 받아 멸망하게 된다는 사실을 알게 됐기 때문이다. 그의 이름은 '크리스천'이다. 그가 혼란에 빠져 있을 때 '전도자'가 다가온다. 전도자는 크리스천에게 '양의 문'으로 가는 길을 가르쳐준다.

크리스천은 전도자가 가르쳐주는 곳을 향해 걷는다. 한참을 신나게 걷다가 갑자기 '낙담'이라는 늪에 빠져버린다. 그 늪에서 안간힘을 쓰며 허우적거리지만 등에 맨 짐보따리가 너무 무거워 올라설 수가 없다. 그때 어디선가 '헬프'라는 사나이가 나타나 크리스천을 늪에서 건져준다. 그래서 가던 길을 계속 갈 수 있게

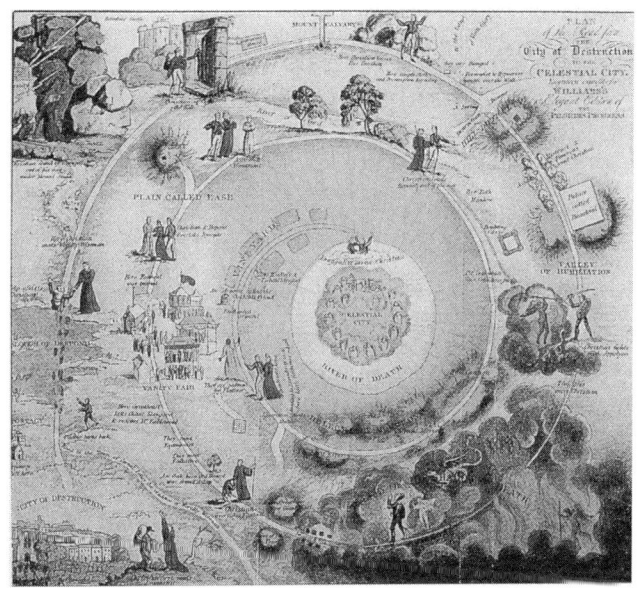

⟨Map of Christian's journey⟩ by William Black

된 크리스천에게 '세속 현자'가 다가온다. 크리스천의 고단한 여행을 안타까워하며 도와주려는 사람처럼 보인다. 세속 현자는 크리스천에게 이런 힘든 여행 대신 '도덕 고을'에 가서 '율법'이라는 사람을 만나라고 한다. 크리스천은 그 말에 혹하여 도덕 고을 쪽으로 발길을 옮긴다. 그러나 오히려 그 길이야말로 도저히 갈 수 없는 위험천만한 길이라는 사실이 밝혀진다. 후회하고 있는 크리스천에게 다시 전도자가 나타나 원래 가던 길로 계속 갈 것을 격려한다.

마침내 크리스천은 좁은 문에 도달했다. 그가 문을 두드리자 '착한 의지'가 나와 영접해준다. 그 안에서 만난 '해석자'라는 사람은 크리스천에게 그리스도와 복음과 은혜에 관해서 가르쳐준다. 크리스천은 영광의 문에 들어가기 위해 온힘을 다해 길을 뚫고 돌진하는 사나이의 모습과 절망의 철장에 갇혀 빠져나오지 못하는 사람의 비참한 모습을 보며 큰 인상을 받는다.

크리스천이 계속해서 길을 가는데 야트막한 언덕이 나온다. 그 언덕 꼭대기에는 십자가가 서 있고 그 아래쪽에는 무덤이 있다. 크리스천이 언덕을 기어올라 그 십자가에 이르자 그의 몸을 짓누르고 있던 무거운 짐이 등에서 툭 떨어져나가더니 떼굴떼굴 굴러 무덤 속으로 사라져버린다. 감격의 눈물을 흘리는 크리스천에게 천사가 나타나 용서의 선언을 해주고 두루마리 하나를 건네준다. 천사가 일러준 방향으로 걸어가던 크리스천은 '곤고

재'라는 언덕을 간신히 기어 올라간다. 언덕의 중간쯤에 있는 시원한 정자에 도달한 크리스천은 털썩 주저앉아 잠에 빠진다. 잠결에 천사가 준 두루마리가 떨어진다. 얼마 후 소스라치며 다시 일어난 크리스천은 두루마리를 두고 허겁지겁 언덕을 올랐다가 다시 정자로 돌아와 두루마리를 찾는다.

그가 다시 고갯길을 타고 올라 꼭대기에 도착했을 때는 해가 이미 지고 난 뒤다. 다행히도 크리스천은 '아름다움의 집Beautiful House'에서 하룻밤 묵어가게 된다. 그 집에서 '분별', '경건', '자선' 세 아가씨가 크리스천에게 풍성한 식사와 편안한 휴식, 영적인 조언을 제공해준다.

아름다움의 집에서 나온 크리스천은 '겸손의 골짜기'에 들어선다. 거기서 잔혹하기로 악명 높은 괴물 '아볼루온'과 정면으로 맞닥뜨린다. 아볼루온은 크리스천에게 위협도 하고 회유도 하지만 자신의 뜻대로 되지 않자 불같이 화를 내며 거센 공격을 시작한다. 크리스천도 담대하게 괴물에게 맞선다. 하지만 반나절이 넘는 싸움이 지속되는 동안 크리스천은 점점 약해진다. 그러나 결정적인 순간에 크리스천은 하나님이 주신 힘으로 정신을 차리고 칼을 집어 들어 아볼루온의 가슴을 찌른다. 마귀는 치명적인 부상을 입고 날아가버린다.

전투는 끝났지만 '죽음의 그늘 골짜기'라는 다른 협곡이 나타난다. 그 좁은 골짜기의 왼쪽에는 아주 깊은 물고랑이 나 있었고, 오른쪽으로는 몹시 위험해 보이는 수렁이 길게 이어져 있다. 살벌한 불길과 연기, 괴기스런 소리가 고막을 찢을 것처럼 덮쳐오는 그곳을 힘겹게 걸어가는 크리스천에게 갑자기 사람의 목소리가 들려온다. 자기보다 앞서 가는 어떤 사람의 목소리다. 그는 시편을 노래하면서 걷고 있다. 크리스천의 마음에는 희망이 생겨난다. 혼자가 아니라는 생각에 든든하다.

마침내 크리스천은 자기보다 앞서 가고 있던 '신실'이라는 순례자와 만나게 된다. 두 사람은 절친한 친구가 된다. 그들은 한참을 걸어 '허망'이라는 도시에 이른다. 그 도시에는 '허망 시장'이라는 큰 장이 매일 성업 중이다. 세상적인 명예, 자존심, 쾌락, 거짓말, 세상 욕심 등, 눈길을 끄는 상품들이 즐비하다. 그러나 허망한 것들에는 전혀 관심이 없는 두 사람의 모습은 거기 사는 사람들의 조롱과 분노의 대상이 된다. 허망 시장의 사람들은 두 순례자를 욕하고 때리고 옥에 가둔다. 며칠 후 허망 시의 재판정에서는 재판이 열린다. 먼저 심문을 받은 신실에게 배심원들과 재판장은 만장일치로 '유죄' 판결을 내린다. 군중들은 신실을 마구 때린 뒤에 불구덩이에 넣어 한줌 재로 만들어버린다. 신실이 죽은 뒤, 크리스천은 하나님의 도움으로 허망도시에서 탈출하여 계속 순례 길을 걸어가게 된다. 그러나 신실의 삶과 죽음에 큰 감동을 받은 한 사람, '소망'이 크리스천의 여행에 합류한다.

두 사람은 함께 지혜를 모아 갖은 유혹을 물리치며 앞으로 나아간다. '세상 집착'과 '돈 사랑'의 유혹을 뿌리친다. 은광에 들어가 한몫 잡으라고 손짓하는 '데마'의 손길도 뿌리친다. 험하지만 행복한 여정이다. 그러나 조금 편편한 길로 가고 싶다는 생각이 든다. 그들은 험한 길 바로 옆에 있는 '곁길 초원'을 따라 걷는다. 얼마 안 가서 그 길이 잘못된 길이라는 사실을 깨닫지만 이미 돌이킬 수 없는 상황이 된다. '절망 거인'이 나타나 두 사람을 끌고 '의심의 성' 지하 감옥에 가둬놓았기 때문이다. 절망 거인은 매일 두 사람에게 매질을 하면서 차라리 스스로 목숨을 끊으라고 권유한다. 크리스천은 마음이 흔들리지만 소망의 격려로 간신히 자살 충동에 맞선다. 크리스천은 기도 중에 자기 품에 '언약의 열쇠'가 있다는 사실을 깨닫고, 그 열쇠의 힘으로 소망과 함께 절망의 땅을 벗어나간다.

다음에 도착한 곳은 '기쁨의 산맥'이다. 거기서 만난 목자들은 두 순례자를 따뜻하게 환영해준다. '지식' 목자, '경험' 목자, '경계' 목자의 충고와 권면을 들으며 두 사람은 다시 여행길에 오른다.

새 예루살렘을 향해 가고 있는 순례자들에게 크고 작은 시험이 끊이지 않는다. 잘못된 길에 들어섰다가 천사에게 호되게 꾸지람을 당하기도 한다. 무신론자의 주장에 흔들릴 때도 있다. 십자가의 은혜보다는 인간적인 노력을 신앙으로 착각하는 청년 '무지'와 논쟁을 벌이기도 한다. 그러나 마침내 거룩한 성, 새 예루살렘이 그들의 눈에 들어왔다. 그런데 한 줄기 강물이 길을 가로막고 있다. 강에 뛰어들자마자 크리스천은 물속으로 깊이 빠져든다. 짙은 어둠과 공포가 그를 사로잡는다. 다행히 소망이 크리스천을 떠받치고 다독이며 앞으로 나아간다. 가까스로 강을 건너 반대편 기슭에 도착하니 눈부시게 빛나는 옷을 입은 두 남자가 반갑게 맞아준다. 성문에서도 하늘나라의 백성들이 두 사람을 환호하며 맞아준다.

'무지'는 쉽게 하늘나라에 가는가 싶었지만 결국 지옥으로 끌려간다.
    그 순간, 잠에서 깨어난 저자! 모든 것은 한바탕 꿈이었다.

청년들과 함께 넘는
천로역정 열 고개

2017년 12월 26일 초판 1쇄 인쇄
2017년 12월 30일 초판 1쇄 발행

지은이 손성현
펴낸이 김영호
펴낸곳 도서출판 동연
등 록 제1-1383호(1992. 6. 12)
주 소 (03962) 서울시 마포구 월드컵로 163-3
전 화 (02)335-2630
전 송 (02)335-2640

Copyright ⓒ 손성현, 2017

이 책은 저작권법에 따라 보호받는 저작물이므로 무단 전재와 복제를 금합니다.
잘못된 책은 바꾸어드립니다.
책값은 뒤표지에 있습니다.

ISBN 978-89-6447-393-1 03200